# 從民族解讀世界史

「民族」で読み解く世界史

TAKUEI UYAMA
宇山卓榮

鳳妙本——譯

# 好評推薦

碰觸「民族」議題，需要有相當強大的勇氣與知識，因為民族始終包含了過多的建構、動員、以及沉重的歷史恩怨。即使號稱「全球化」時代的二十一世紀，「民族—在地」的力量依然難以撼動。

本書作者宇山卓榮試圖客觀描述世界史上幾個主要民族的真實樣貌，這是最困難，也似乎是最容易的入手處，藉由釐清各民族的源起與發展，應該有機會促成重新反思與再定位，揭穿民族主義迷離虛妄的一面，讓大家安心肯定自我，無須費心否定他人。

——黃春木（臺北市立建國中學歷史科教師）

拿掉各種政治不正確的顧忌，直接討論各種世界史上的尖銳民族議題，即使閱讀過程可能略有不快，卻是刺激自己認識新角度並思考的好機會。

複雜的民族定義，與主權國界畫分，導致了今天的各種國際政治問題。想知道這些問題該怎麼解決，理解那些或有不堪的脈絡，是必要的。

——蔡依橙（「陪你看國際新聞」頻道主）

目錄

第2部

## 東亞與日本

# 第3部 支配世界的歐洲諸國

第4部

# 印度、中東與中亞

# 第5部 多元融合的東南亞各民族

第6部

# 侵略與對立——烙印在美洲與非洲民族身上的創傷

第8部

# 由民族血統所敘述的世界

# 前言

「這個人和日本人不一樣。」

多數人在街上與外國人擦身而過時，很容易就能辨認出這個人「和日本人不一樣」。他們到底是從何處來判斷的呢？比方說，像是中國人和韓國人，在外表上看起來和日本人沒什麼太大差別，但許多人看一眼就能判定對方「不一樣」，這是為什麼？大多數人的回答是：「從氣質上感覺得出來。」就算臉型相同，每個民族都會存在獨特的「氣質」。聽起來似乎有點難理解，但實際上我們卻能感受出各民族的不同。

在歷史中，由民族形成的社會與環境、文化和傳統的記憶，無論好壞都刻畫在民族的基因當中，之後便以民族血統的形式，傳承給下一個世代。這些民族的「血之記憶」是無法抵抗、掩飾和隱藏起來的。「血之記憶」相當自然，且必定會外顯，而成為各民族特有的「氣質」。

本書的目的，是依據世界上各民族的歷史演變來解釋所謂的「氣質」是從何出現，找出其面貌後，揭開各民族真正的樣貌。當中有各種民族不願面對的「黑歷史」、以及這些黑歷史帶來的歷史傷痕。如果傷痕頗深，或許會嚴重影響到民族的「血之記憶」，因此，本書會直視這些「黑歷史」，不會略過不談。

現在席捲全世界的民族主義、移民與難民問題、民族的對立與衝突、種族歧視等，這些都是民族中所謂「看不見的牆」、也是把我們撕裂的元兇。民族對現代人而言，其意義到底是什麼，我想跟各位讀者一起來深入探討。

宇山卓榮

二〇一八年一月

# 第一部

# 「民族」是這樣誕生的

# Chapter 1

# 民族，與它的祕密禁忌

## ◇日本人是獨特的存在？

「咳、咳，呸。」

中國觀光客的吐痰行為到處都是。儘管近年來吐痰的情況有所減少，但中國人無論男女，在電車中總是「咳、咳，呸」，令人傻眼。

我們日本人總會冷眼看待「這些中國人……」，在我們心中會「畫出一條線」，認為日本人和中國人是不同人種。但若是從遺傳學來看，日本人和中國人屬於同一人種。雖然有些日本人不願意「和中國人混為一談」，然而事實無法抹滅。

在遺傳學的分類中，有一個名為「蒙古人種」的類別，除了日本人之外，中國人、韓國人與東南亞人全都被歸類在這當中。有許多日本人在跟其他蒙古人種（Mongolian）比較時，會自認為「自己是獨特的」，但從歐美人的角度來看，我們與其他人卻「一樣」。

仔細想想，三十年前的日本人也是「咳、咳，呸」到處吐痰，跟現在的中國人一樣。雖然那時我還小，但記得很清楚。

另外像是東南亞那些髒得像垃圾堆的街景，也有些人看了覺得怎麼這麼髒，產生微妙的優越意識，但是日本直到三十年前，街上也到處都能看到垃圾（或許現在仍舊存在這種現象）。

認為「日本人很有禮貌又整潔」，所以「日本人與其他亞洲人種完全不一樣」，很抱歉，這種優越意識在漫長的歷史洪流中是無法成立的。

## ◇遺傳學的分類

人類分為白種人、黑種人和黃種人三種。日本人算是黃種人。那麼印度人和阿拉伯人算是哪一種呢？他們當中有些人膚色較白，但有些人卻膚色較黑。

白人、黑人與黃種人的分類只是依靠外觀的膚色來區分，並非學術上的定義。這種區分法純粹取決於外觀印象，因此，印度人與阿拉伯人到底應該被分入這三種膚色中的哪一個，目前並沒有定論。

遺傳學上過去也嘗試過各種人種區分，目前則一般分成了四大類：高加索人種

**圖1-1　四大人種的分布示意圖**（以一四九二年哥倫布抵達新大陸當時情形為準）

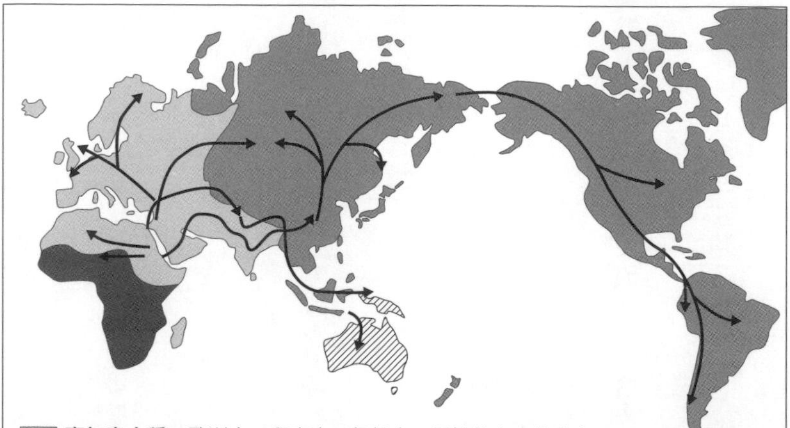

- **高加索人種**　歐洲人、印度人、伊朗人、阿拉伯人、北非人
- **蒙古人種**　中國人、日本人、韓國人、東南亞人
- **尼格羅人種**　撒哈拉沙漠以南的非洲人
- **澳大利亞人種**　澳大利亞土著居民（Aborigine）、新幾內亞人
- **→ 智人的擴散路線**（假設路徑）

（Caucasoid）、蒙古人種、尼格羅人種（Negroid）和澳大利亞人種（Austroloids）[1]。

然而是否可以從物理上來區分各人種的DNA呢？其實不行。儘管再怎麼「純種」的日本人，也會混雜高加索人和尼格羅人的遺傳特徵，因此不能說，某個人種是由特定DNA所決定（一般學說認為，人種間沒有明確遺傳上的個體差異）。就這層意義上來看，區分四大人種，也只是一種概念方法而已。

在圖1-1的高加索人種中，有像是歐洲人的白人和膚色較黑的印度人，應該有不少人會疑惑這兩種人居然算是同一人種吧？（之後的章

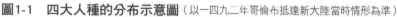

節將會詳細說明。）還有，許多人也會感到奇怪，阿拉伯人和歐洲人是同一人種？

印度人長年生活在有強烈陽光曝曬的印度次大陸，皮膚逐漸變黑，或是和當地原住民[2]混血，才呈現今日印度人的樣貌。而從遺傳學的角度來看，像是臉部的輪廓較深這點，歐洲人和印度人、阿拉伯人是非常相近的。不過，雖然都稱為高加索人，這樣的分類也只是大略區分，並不是根據嚴格的定義來分類的。

在四大人種裡，還有非常多民族重複混血了不同人種。比方說，土耳其人原本分布在蒙古高原和中亞地區，被視為是蒙古人種，但在十世紀時他們往西遷徙，和伊朗人、阿拉伯人與歐洲人等混血，因此現在很難判定土耳其人到底是屬於蒙古人種、還是高加索人種。

## ◇人種、民族、國民三種分類法

我們一般常會說「〇〇人」，例如：美國人、日本人、中國人。「〇〇人」一詞代表以人種、民族、國民等不同觀點的分類法。

「人種」是由ＤＮＡ等遺傳學與生物學特徵而導出的類別；「民族」則是以語言、文

1 譯注：更通俗的說法依序是白種人、黃種人、黑種人和棕種人。

2 譯注：即指達羅毗荼人（Dravidians）。

化和風俗等社會性特徵而導出的類別。舉例來說，日本人和中國人在「人種」上同樣是屬於蒙古人種，但因為使用的語言不同，因此歸屬於不同「民族」。雖然人種、民族這兩個名詞聽起來很像，但意義卻大不相同。

除了「人種」和「民族」之外，還有另一個類別是「國民」。「國民」是構成並屬於「國家」的成員，共同遵守國家所制定的法律與制度。

比方說，美國人就是由「國民」構成，而不是以「人種」或「民族」。美國人包含高加索人（白種人）、尼格羅人（黑種人）和蒙古人（黃種人）。雖然「人種」或「民族」不一樣，但是在「國民」這個類別上卻都是美國人。

因此即便大家口中總說「〇〇人」，但「日本人」一詞卻十分強調同一民族，「美國人」則強調同屬同一國家，兩者不太一樣。

因此「〇〇人」這種說法，會因為形成其共同體的歷史背景不同，而產生截然不同的指涉、要件與定義。

## ◇民族與血統

如同圖 1-2 所示，人種是以內部因素為特徵來區分，國民則是以外部因素來區分，而民族位於兩者中間。關於民族，有一些比較複雜的層面我們必須稍微了解。

圖 1-2　人種、民族、國民三種類型

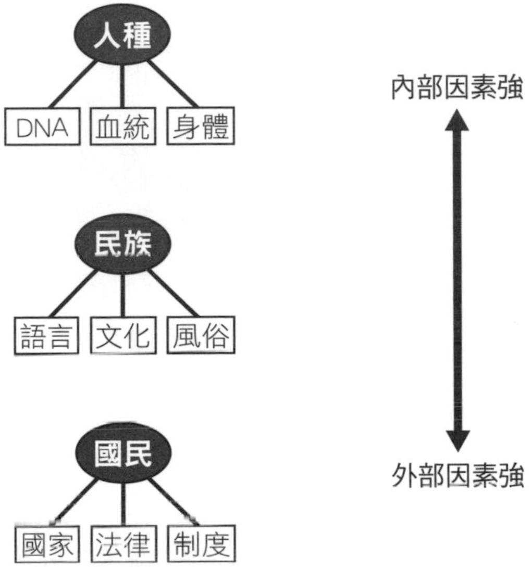


前一節曾提到，「民族」是以語言、文化和風俗等社會性特徵而導出的類別；那麼，如果語言、文化和風俗都相同的話，就可以算是同一個民族嗎？假設，白種人和黑種人都會說流利的日語，其文化和風俗都跟日本人一樣，他們可以算是、或稱為「日本民族」嗎？

我想，應該有非常多人認為他們不是「日本民族」、或無法接受他們被稱為「日本民族」。原因在於，即便白種人和黑種人被同化成日本人，但因為人種不同、血統明顯不同，便會讓人覺得有所差異。所以，我們必須了解「民族」不僅是以語言、文化和風俗等社會性特徵來判定，其背後還存在一個概念，也就是以「血統」作為前提。

希特勒領軍納粹黨，以「種族清洗」為號召來消滅猶太人。當時有許多德籍猶太人認為自己是德國人，不知道自己有猶太血統。納粹根據戶籍，從橫跨數代的家族與血緣中來追溯是否有猶太血統存在。只要有四分之一的猶太人血統（也就是祖父或祖母代是猶太人），就一定會送到集中營。這些猶太人大多在語言、文化和風俗上都已經和德國人同化，但納粹卻不將他們視為「德意志民族」，反而認為他們的血統有問題。

就像這樣，民族與血統、血緣之間具有緊密難以切割的關連。我們不用人教，憑直覺就能知道它們相互關連，也能察覺到，在這樣的「感覺」背後，潛藏了某些晦澀的禁忌。為了闡述各民族的血統歷史及其全貌，本書將深入剖析此祕密禁忌。

Chapter 2

# 語言是民族的「血統證明」

## ◇「白種人是被神選中的人」

在圖1-1「四大人種的分布示意圖」中，最上方第一個類別就是高加索人種。高加索人種範圍廣泛，包含歐洲人、印度人、伊朗人，阿拉伯人和北非人。

高加索人種這個名稱，緣起於被裏海與黑海包夾的高加索山脈地區。為什麼一個地區名會成為人種的名稱呢？這跟基督教的世界觀有關。

在《舊約聖經》的〈創世紀〉裡，記載了「諾亞方舟」的故事。大洪水來襲時，諾亞受到神的指示，建造了一艘船，把家人和雄雌兩種性別的動物帶到船上，人類與動物因而存活。最後諾亞的方舟抵達高加索山脈地區的亞拉臘山，諾亞的家人們即成為現在人類的始祖。

在十八世紀時，高加索人種這個名稱就出現了，也就是以高加索山脈為名，以代表諾亞的子孫。起初，諾亞的子孫只限定為白種人，因此高加索人種指涉的是白種人；但到了二十

圖2-1　印歐語系民族的遷徙路線

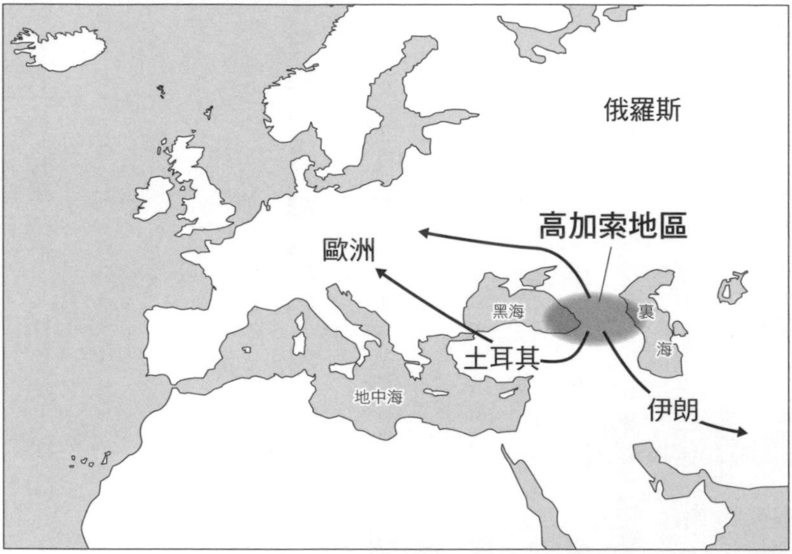


世紀，隨著人類學的進展，不再只以膚色作為人種分類，所以也把阿拉伯人和印度人算進去。

透過「諾亞方舟」的傳說為高加索人種命名，是出自於德國的布魯門巴赫（Johann Friedrich Blumenbach，一七五二至一八四〇年），他也被稱為「自然人類學之父」。以布魯門巴赫為首的歐洲人類學家直到十九世紀都認為，高加索山脈地區出身的白人才是人類的原型，其他的人種都是退化的低等人種。他們經常發表像是「白人是神選之人，證據就是白人比其他人種還要漂亮、也比較聰明」這類評論。

近年來由於高加索人這樣的稱呼

帶有太多歷史上的偏見，讓人忌諱，因此也有人會將高加索人種改稱為「西歐亞人種」（West Eurasian）。

## ◇「語系」是什麼？

同前述所說，「人種」是由DNA等遺傳學上的生物學特徵而導出的類別；「民族」則是以語言、文化和風俗等社會性特徵來作區分。因此為了探究民族的根源，必須追尋他們使用的語言及其形成過程。

我想各位應該都有看過像是「阿爾泰語系」或「印歐語系」等，以「○○語系」、「○○語族」為名的名詞吧。「語族」可以想成是由同一個語源的祖先分支出來的語言群，除了是各民族使用的語言系統，也是從語言上來區分民族的分類方法。[1]

比方說，亞洲的主要類別有「阿爾泰語系」和「漢藏語系」，在這些語系下面，又再分支出更多的語族。「阿爾泰語系」裡有蒙古人、滿州人和土耳其人等；「漢藏語系」裡有中國人、西藏人與緬甸人等。順道一提，日本人（日語）由於無法判別是歸屬於「阿爾泰語系」或是「漢藏語系」，所以最有力的說法是，日語是這兩種語系的混合體。

1　編注：語言的分級單位由上到下可粗分為：語系、語族、語支。

圖2-2　世界主要的語系

**東亞與東南亞主要語系**（蒙古人種）

阿爾泰語系　蒙古人、滿洲人、土耳其人

漢藏語系　中國人、西藏人、緬甸人

南島語系　臺灣、東南亞島嶼群

南亞語系　東南亞的印度支那半島
（有一說是也包含泰語族）

**歐亞大陸主要語系**（高加索人種）

閃米・哈姆語系　阿拉伯人、伊拉克人、（美索不達米亞人）希伯來（猶太人）
（有一說認為哈姆語族／埃及人包含在這語系底下）

印歐語系　歐洲人、小亞細亞人、伊朗人、印度人

**其他**

非洲各語系、美洲各語系等。

若從民族的分類上來思考，語言相近的民族可能都出自同一個祖先，也可以由此回溯它們的血緣關係與血統體系。因此，語言可以視為是民族的「歷史血統證明」。

## ◇掌握大概的語系

語系的分類有各式各樣的方法及學說，至今有些仍無法定義，但大致上可歸納如圖2-2所示。

首先，歐亞大陸地區分成東、西兩大部分。東邊的東亞與東南亞，其主要語系有四大類：阿爾泰語系、漢藏語系、南島語系、南亞語系。南島、南亞語系的「南」，英文是Austro，意思是「南邊的」。但不代表住在那裡的全數

民族都歸屬在這個族群裡。

另一方面，歐亞大陸西邊的印度阿拉伯地區，包含閃米—哈姆語系[2]與印歐語系兩大類。閃米—哈姆語系主要是指中東阿拉伯人種。

這當中也包括猶太人。猶太人原居地是埃及至西奈半島，和阿拉伯人有非常密切的關係，與阿拉伯人是同一個民族。現在的猶太人容貌與白人極為相似，是因為在羅馬時代以後猶太人開始移居歐洲各地，並與白人混血。不過，傳統的猶太人跟阿拉伯人是非常相像的。

至於哈姆語族（埃及人）是否該歸入閃米—哈姆語系？有諸多說法，但最有力的是，相較於閃米語族，哈姆語族並沒有可以形成獨立語族該擁有的獨特性。不管怎麼說，哈姆語族的確和阿拉伯人關係很接近。閃米（Shem）和哈姆（Ham）的名稱則是出自於《舊約聖經》的〈創世紀〉裡兩位兄弟的名字。

## ◇印度人和歐洲人是同個種族嗎？

很多人都無法完全了解印歐語系的語族。高中時讀過世界史的人，一開始最先存疑的應該就是「印歐語系」吧？為什麼「印度人和歐洲人會分在同語系」？有這個疑問不意外，但

2 編注：現稱為亞非語系。

課本裡卻幾乎沒有說明。

印歐語系的人又被稱為「亞利安人」，原本居住在中亞地區，在西元前二〇〇〇年左右為了避寒而大遷徙。多數人往西遷徙至中東、歐洲；少數人則占領印度（請參閱圖2-1）。

進入中東地區的印歐語系語族，定居在伊朗和小亞細亞，歷經長年的歲月後形成今日所見的阿拉伯人；另一方面，進入歐洲地區的印歐語系

**圖2-3　梵文文字**

（深）：深的、深遠的

（智）：智慧

語族則主要定居於希臘、義大利等地中海沿岸，形成了歐洲世界。

此外，進入印度地區的印歐語系語族則與當地的亞洲人種混血，加上炎熱氣候而產生黝黑的肌膚，經過漫長歷史的演化，成為了我們現在所看到的「印度人」。

最早主張歐洲人和印度人係出同一族的，是英國語言學家威廉·瓊斯（William Jones，一七四六至一七九四年）。瓊斯在一七八〇年代赴印度考察時，研究古代印度的梵文，因此發現了梵文和歐洲諸多語言相當類似。比方說，英文中的 mother 在拉丁語與希臘語是 mater、在梵文是 matar。英文中的 new 在拉丁語是 novus、在希臘語是 neos、在梵文是 nava（順道一提，梵文文字並非拼音文字，此處只是為了方便比較，將梵文的發音轉用拼音

的方式呈現）。

瓊斯發現了許多這樣相似的語彙與文法。他認為此現象並非是單純的巧合，因而做出結論：這就可以證明古代印度人和歐洲人擁有同一個母語系統。

不管是不是出於偶然，但直接斷定「擁有同一個母語系統」，反而會讓人懷疑，那是否忽略了語言傳播、被借用的可能性。無論如何，人類學工作者基於瓊斯的學說發展出的民族分類，這是由共通語言「印歐語系」所衍生出來的，並已成為普遍觀點。

Chapter 3

# 高貴的民族

## ◇「諾亞方舟」的傳說具有公信力嗎？

十八至十九世紀的學說，的確有不太嚴謹之處，像瓊斯這樣的一家之言，常常就變成學術上的定論。瓊斯的學說可能只到「假說」的程度而已，當時的歐洲人卻輕易接受。

當時大多數的歐洲人都知道前述提到的「諾亞方舟」傳說，那出於《舊約聖經》〈創世紀〉，但還不致到深信不疑的程度。《聖經》裡記載著，諾亞抵達高加索地區的亞拉臘山，就是人類繁衍後代的所在。看地圖就能得知，從高加索地區延伸出的南俄羅斯處於正中間位置，一方面通往歐洲、中東，另一頭可以前往印度。從前高加索地區的人們，就是分別往這兩個方向遷徙。從地理角度來看，這兩個印歐語族的分支，和瓊斯提到的一樣，「原本就是擁有同一個母語系統」，起源也的確與《聖經》記載一致（請參閱圖2-1）。

瓊斯之後，人們便認為，印歐語系各語族是從南俄羅斯誕生出來的，並逐漸成為最有說服力的理論。今日的教科書上也寫著：「印歐語系的發源地為南俄羅斯，之後往伊朗、歐洲和印度向外擴散。」

儘管以上說法已成為定論，但從它在學術上被認可的過程來看，實在有些疑慮。「以南俄羅斯為發源地，向外擴散」這點並沒有決定性的證據。就某種意義而言，若斷言「歐洲人和印度人本來是同一族」，大部分的人們反而都會覺得「怎麼會有這種事」。

然而，被歸類在印歐語系的歐洲人、小亞細亞人、伊朗人和印度人，就如前述的古代梵文一樣，彼此的語言都有相似之處。因此，不能否定這些民族系出同源。也許，這個定論只是理論上成立吧！

## ◇印歐語系語族支配世界？

印歐語系的各語族又被稱為「亞利安人」。所謂的「亞利安」的意思是「高貴的」。在波斯語（伊朗語）是ariia、梵文則是ārya。伊朗古代舊稱為埃蘭（Elam），其意思是指「亞利安人的國家」，由此可知亞利安人在伊朗建立的國家就稱作「埃蘭」，也就是「高貴者的國家」之意。

然而，原本「埃蘭」並沒有表示地名的意思，從古代開始比較常見的則是以「波斯」這個地名來當作國名。波斯這名詞的語源是Pârs，意思是「騎馬者」。因此「波斯」就是「騎

圖3-1　亞利安人統治的其他民族

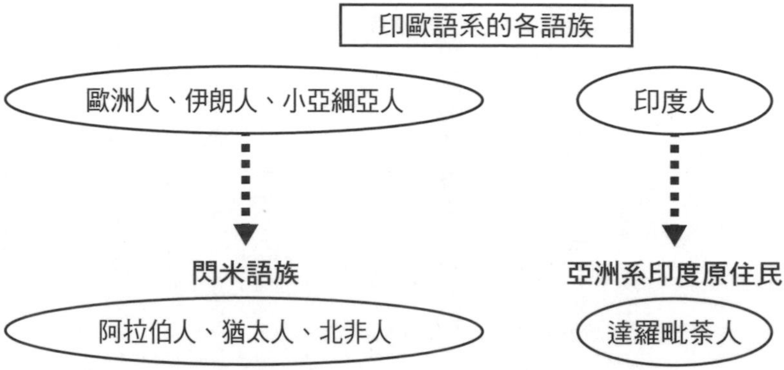


馬者居住的地區」之意。

印歐語系語族自稱為「高貴者」，是用來主張自身比其他民族優越。他們也以這個「優越性」去支配中東的閃米—哈姆語系／阿拉伯人。

西元前十五世紀左右，印歐語系語族帶著當時的高科技產品「鐵器」遷徙至中東的東方（Orient）。[1]從安那托利亞半島（小亞細亞）經過伊朗，建立強大的西臺王國，並消滅閃米語族的古巴比倫王國。之後，印歐語系語族與閃米語族之間不斷上演奪取霸權的戰爭，在西元前六世紀左右，印歐語系的波斯第一帝國（阿契美尼德王朝）統一了中東東方地區，建造龐大的帝國。

西元前一千五百年左右，往南移動的印歐語系語族征服了印度原住民達羅毗荼人。他們為了要統治這些原住民，制定了嚴格的階級制度，展開了著名的「種姓制度」（此後還會再詳細解說）。

## ◇被民族主義者利用的「亞利安人」

「亞利安人」這稱呼是個舊詞彙，以前古代史裡常出現，到了十九世紀，又重新被人們所用。當時相當流行東方主義（Orientalism），「亞利安人」一詞又帶有神祕感，因而備受矚目，漸漸地也成為與神祕學有關的概念。民族主義者趨之若鶩，崇尚歐洲各民族的祖先「亞利安人」。

二十世紀時，希特勒領導的納粹黨將帶有神祕之意的「亞利安人」一詞發揮到極致。納粹宣稱，有一支印歐語系民族從南俄羅斯經由俄羅斯遷徙至東歐地區，他們沒有跟其他「低等民族」混過血，保留了純淨血脈，是「純種亞利安人」。

納粹形容「純種亞利安人」的外貌特徵是擁有白皮膚、藍瞳孔、金髮等白人象徵（blondism）。此外，後腦勺突出也是亞利安人的特徵之一，因此會以頭蓋骨的形狀來判定是否為亞利安人。

相對於日本人的後腦較扁平，白種人的確實比較突出。納粹主張，為了要維持亞利安人美麗的後腦勺特徵，不應與其他民族混血。當時納粹若懷疑某人是猶太人，就會使用測量器

---

1　譯注：即指西亞的埃及地區。

來量他的頭蓋骨形狀，如果沒有達到一定的突起程度，就會把此人送至集中營。

但是，如果從納粹形容的「純種亞利安人」的外貌特徵來看，希特勒是黑髮、黑瞳孔，後腦也比較扁平，不算是亞利安人。鼓吹民族主義的納粹領袖海因里希．希姆萊（Heinrich Himmler）本身也是黑髮、黑瞳孔，後腦扁平的人。

納粹的黨徽是「卐」字，這跟亞利安人也有關係。「卍」字是古代亞利安人拿來作為太陽的象徵符號，表示神祇與幸運之意。「卍」字在古代梵文中被稱為 svástika，而希特勒則把它當成納粹的黨徽。

古代亞利安人使用的「卍」字後來在東西方各地成為神祇與幸運的象徵，運用在神殿與寺院當中。在日本，「卍」字即代表寺院的意思。

## ◇製鐵技術因西臺帝國的崩解而向外傳播

印歐語系的亞利安人，的確從古代就比其他民族「優越」。以下將以「鐵器」和「貨幣」來說明。

亞利安人在小亞細亞至中東地區建立西臺王國。西臺王國曾利用碳（作為還原劑）來鑄造鐵和鋼，由此可知他們擁有豐厚的化學知識。西臺王國也將製鐵技術當作國家機密。

另一方面，往印度移動的印歐語系語族並沒有使用鐵器，他們的武器是青銅器。也就是說，只有往小亞細亞至中東地區的印歐語系語族，才懂得發展製鐵技術。西臺王國於西元前一一九〇年左右滅亡，使得製鐵技術擴散出去，傳布全世界。

貨幣的誕生也跟印歐語系語族有關。西元前六七〇年左右，建立於安那托利亞半島（小亞細亞）的呂底亞王國，鑄造了歷史上第一個硬幣「琥珀金」（Electrum）金幣。中國鑄幣晚了呂底亞王國兩百年，大約在西元前五世紀左右。

貨幣會出現的理由是，除了印歐語系語族的呂底亞人本身就很優秀之外，比較大的原因跟地緣政治有關。首先，安那托利亞半島本身就具有蘊藏豐富砂金的礦山及河川；次之，安那托利亞半島位處古代近東貿易圈與希臘羅馬的地中海貿易圈的中間點，因而成為國際貿易的交易中心。為了有更完備的交易制度，貨幣因運而生。

不過，呂底亞人注重貨幣的交易機能而積極製造貨幣是不容爭辯的事實，這也顯示了他們有經濟方面的長才。

## ◇亞利安人「借用」其他民族的文字

不過，亞利安人在文字方面就不一定就擁有「優越性」。前述的梵文是印歐語系語族本身就有的產物；但是，梵文卻只存在於遷徙往印度的一派。換句話說，如果是往西側遷徙的「小亞細亞─中東」的語族和「希臘─義大利」等歐洲地區的語族，就沒有獨自的文字。他們有自己的語言，但卻缺乏可以表記的文字。

往西側遷徙的印歐語系語族雖然擁有鑄鐵與貨幣的先進技術，卻沒有文字，顯示出其野蠻的一面。

因此，沒有文字的他們便「借用」閃米語族的楔形文字（講難聽一點是盜用）。印歐語系的語族以閃米語族的楔形文字為基礎，建構了波斯文字。

西元前十八世紀，古巴比倫王國（閃米語族）的第六代國王漢摩拉比，統一了美索不達米亞（伊拉克），頒布了「以牙還牙、以眼還眼」的《漢摩拉比法典》，這部法典就是由楔形文字來表記的。由此可知，閃米語族擁有非常先進的文字文化，比印歐語系的語族還更加優越。而在天文曆法上，也是閃米語族占優勢。

閃米語族的腓尼基人在敘利亞沿岸建立了西頓（Sidon）和泰爾（Tyre）兩大城市，因地中海貿易而蓄積了莫大的財富。腓尼基人在閃米語族中算是最先進、也最具優秀文字文化的一支民族。

印歐語系的希臘、羅馬人就是借用腓尼基文字，以此為基礎，創造了現今拼音文字之始。因此拼音文字並不是歐洲人固有的文字，而是從閃米語族（亦即阿拉伯人）的文字中衍生而來的產物。

希臘、羅馬人等原始歐洲人因為沒有足以創造出自己文字的語言文化，就某種意義上來說相當落後。雖然印歐語系語族自稱是「亞利安」（高貴者），卻也有與其他民族相比之下沒那麼優越的地方。

# 第二部

# 東亞與日本

# Chapter 4

# 「中國人」融合了多元民族

## ◇日本人是「半個中國人」？

在中國，因為無法用基礎英文溝通，而讓我吃盡苦頭。搭乘計程車時，連我說「airport」（機場）如此簡單的字彙，對方都聽不懂，只好在紙上寫「空港」、「飛行機場」給司機，總算才讓對方明白。

不過，若是用漢字來筆談，大致上都能與中國人溝通。即使是複雜的話題，只要寫對漢字，大概就能理解意思。在這個時刻，才實際感受到日本人的起源與中國有密切關係。現今日本的樣貌，是建立在中國流傳來的文化與傳統之上，像是漢字與儒教等，這是無法抹滅的事實。

中國古代以黃河流域為發祥地，形成黃河文明。西元前十六世紀時，出現了殷朝。殷朝現在已經確定是最古老的王朝，也首先創造了漢字。之後，漢字普及到南方的長江流域，形成橫跨南北的巨大語言文化圈。

本來長江流域擁有不同於黃河流域的社會與文化，連民族也不相同（大多是東南亞的民族）。但由於漢字的普及，使得兩地有共通的語言基礎，因而產生「中國」的原型。

由此可知，中國意指使用漢字的各民族，及其生活範圍、社會與文明，它是一種定義文字與語言關係的概念。

若按照這個概念，日本人可以說是使用漢字與平假名各半的「半個中國人」吧？曾經也使用過漢字的朝鮮人則在十五世紀時發明了訓民正音（Hangul），以試圖確立自己的「朝鮮人」定位。在這之前，韓國實質上屬於中國文明的一部分，無論是在政治或是文化方面，幾乎很難與中國區隔。事實上，中國王朝一直都將朝鮮視為是藩屬國。

此外，北方的蒙古人等遊牧民族也使用漢字，漸漸與中國文明同化，而成為中國人。

所謂的中國人，其實是多民族的混合體，每個民族有不同的樣貌、習俗與氣質，卻因為漢字這個共通的語言而成為共同體。人類在形成社會的過程中，是從語言作為出發點、因語言而統合在一起、並逐漸成形，我們可以知道人類社會與語言之間的關係是密不可分的。

## ◇北方異族威脅漢人

除了中國人之外，還有「漢人」這個稱呼。基本上，漢人指的是純粹的中國人。我們都

**圖4-1　中國的民族分布圖**

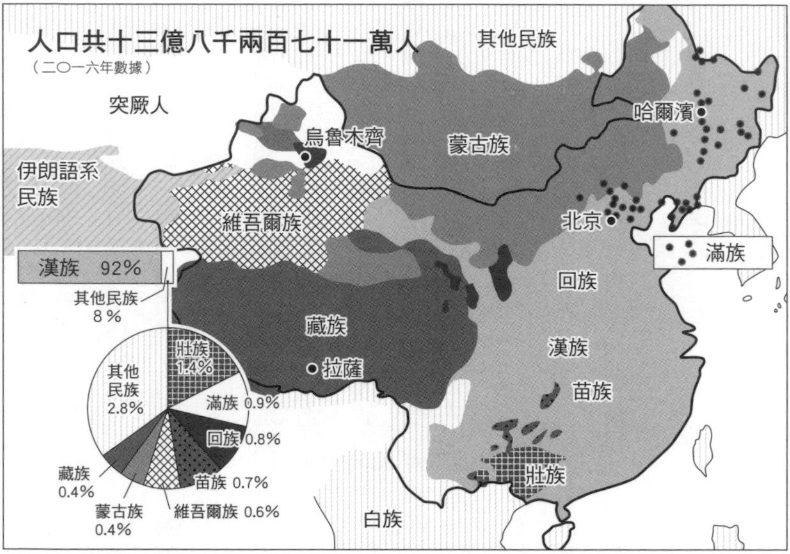


出處：中國國家統計局

知道中國包含了蒙古人、西藏人和突厥人，是個多民族國家。

如圖4-1所示，中國國家統計局指出中國現在的人口中有百分之九十二是漢人（漢族），但這跟事實是有差異的。本來，在漫長的歷史裡，漢人便不斷與周遭的其他民族混血，所以純種漢人根本不存在。還保有純粹漢人血脈的時代，大約只到比三國時期晚一點的四世紀，之後漢人便和周遭其他民族不斷混血至今。

從歷史上來看，被稱為北方異族的匈奴等蒙古人，經常侵略中國，掠奪百姓。漢人在黃河流域以農業維生，時常遭受鄰近北方的蒙古人的威脅（農耕民族常被狩獵民族襲擊，是全世界共通的事）。

對於中國歷代的皇帝來說，鎮壓北方異族是個非常重要的課題。西元前二世紀，漢武帝投入巨額的軍事經費討伐匈奴人。漢武帝的討伐非常成功，有將近五百年蒙古人都不敢再騷擾中國邊境的人民。直到漢末，中國來到三國時代，局勢動盪。

司馬懿為作為諸葛亮的勁敵而人盡皆知。其孫司馬炎建立了晉朝，並於二八〇年一統天下。雖然說總算結束了戰亂，但晉朝政權的根基卻脆弱不穩，因此常有內戰，最終在三一六年時因匈奴的入侵而滅亡。當中國戰亂頻仍時，蓄勢待發的匈奴人便看好時機襲擊。

## ◇晉的滅亡與混血的開始

晉滅亡後，皇室逃亡江南，在那裡建立另一個國家，也就是東晉。而華北地區則被蒙古人和西藏人等異族分割占據。

蒙古人統治華北地區，於三八六年建立了北魏，形成了北邊是蒙古王朝、南邊是漢人王朝並存的魏晉南北朝（延續至六世紀末）。這段期間，華北的蒙古人實行漢化政策，捨棄蒙古人的文化習俗，使用漢字，吸取中國文化，並與漢人通婚，僅僅一百年的時間，入侵華北的蒙古人都被漢化了。

因異族通婚大量出現的混血兒成為中國新崛起的統治階層，握有極大的權力。他們一邊服從北方的蒙古人勢力，一邊推動蒙古人與中國人融合，形成橫跨蒙古到華北地區巨大的勢力範圍。這股勢力也併吞了長江流域的江南地區，之後成為隋、唐的統一帝國。

從春秋戰國時代以來，由於鐵製工具出現等農業技術的進步，糧食增產，中國的人口逐漸增加。一世紀時西漢的人口達到約六千萬人，但在東漢至三國時代的戰亂頻仍，人口驟減至大約剩一千萬人左右。三國是戰爭、疾病和飢餓頻傳的悲慘時代。

**圖4-2　魏晉南北朝時代**

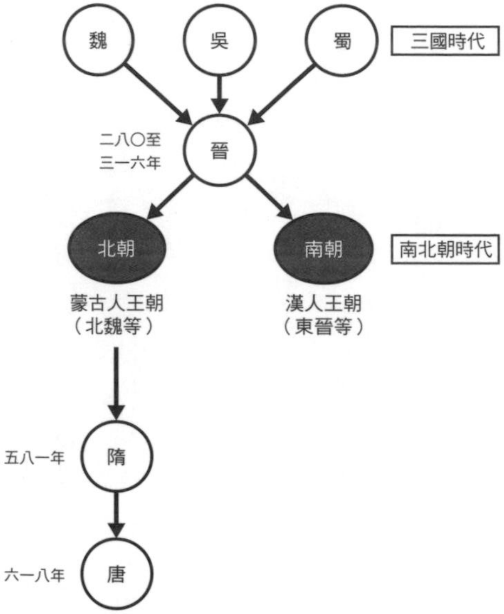


二八〇年，晉朝統一中國，人口恢復到一千六百萬人左右，但其後蒙古人等北方異族入侵，再次進入戰亂期時，人口又急遽減少。在這個動亂時代約失去了一千萬人，原先居住在華北的多數漢人為了躲避戰亂，有將近數百萬人遷徙至江南。

取而代之的，是數百萬名北方異族蒙古人和西藏人移居到華北地區。在四世紀至五世紀，因漢化政策的緣故，更加速異族與漢人間的通婚，因此華北的「漢人」跟以往的漢人不同，是全新的混血人種。

中國已不僅是由原本的「漢人」組成，其人口結構融合了多元民族。現在的中國政府主張「百分之九十二的人口是漢人（漢族）」根本毫無根據，這些所謂的「漢人」，實際上是從魏晉以來與其他民族混血過的漢人（中國人）。

## ◇北魏激進的婚姻政策

歷經三國時代至晉朝，到了四世紀末，蒙古鮮卑族人在華北建立了北魏。北魏的統治階層受到中國文明的極大影響。原本在蒙古高原上過著放牧生活的他們，相當憧憬中國絢爛多彩的文化。

五世紀時北魏全盛時期的孝文帝就十分崇拜中國文化。孝文帝否定自身「野蠻的」蒙古文化，禁止胡服和鮮卑語，只准使用漢語，積極任用漢人為官，實施中國中央集權官僚制度，大幅增加軍事武力。

此外，為了要消除漢人與鮮卑族的區別，鼓勵兩民族間的通婚。這項婚姻政策具體來說相當激進。不管漢人年輕女性的意願，強行把他們從家人身旁帶走，給鮮卑男性做小妾。也有漢人丈夫的年輕漢人妻子被搶走。而且鮮卑男性可以擁有幾十個漢人小妾。

鮮卑女性也得嫁給漢人男性為妻，也就是說幾乎是禁止同族結婚。當時漢人人數是鮮卑

圖4-3　統一天下各主要王朝的民族

| 朝代 | 建國者 | 氏族名 | 民族 | 建國時期 |
| --- | --- | --- | --- | --- |
| 秦 | 始皇帝 | 趙氏 | 漢人 | 西元前三世紀 |
| 漢 | 劉邦 | 劉氏 | 漢人 | 西元前二世紀 |
| 晉 | 司馬炎 | 司馬氏 | 漢人 | 三世紀 |
| 隋 | 楊堅 | 楊氏 | 蒙古人鮮卑族 | 六世紀 |
| 唐 | 李淵 | 李氏 | 蒙古人鮮卑族 | 七世紀 |
| 宋 | 趙匡胤 | 趙氏 | 突厥人沙陀族 | 十世紀 |
| 元 | 忽必烈 | 孛兒只斤氏 | 蒙古人 | 十三世紀 |
| 明 | 朱元璋 | 朱氏 | 漢人 | 十四世紀 |
| 清 | 努爾哈赤 | 愛新覺羅氏 | 滿州女真人 | 十七世紀 |

人的幾十倍，因此鮮卑女性的人數根本不夠讓全部漢人男性都可以娶妻，當時的漢人男子應該很可憐吧！

孝文帝徹底實施漢化政策，許多鮮卑人認為有損民族性而大力反對，並引發了鮮卑貴族叛亂。但不管怎麼說，孝文帝的漢化政策是讓胡漢融合的重要關鍵。

## ◇中國歷代王朝不是全由漢人主政

另一方面，不想被鮮卑人統治的漢人遷徙至江南地區，保留了民族的純粹性，在江南地區建立起漢人社會，打造出被譽為「六朝文化」（三國東吳、東晉與南朝的宋齊梁陳）的優雅漢民族文化。但是從華北移居而來的外來勢力，與原本住在江南的氏族產生了極大衝突，這兩大勢力一直無法互相融合。相對於強勢發展的北朝（北魏等在華北地區的王朝），南朝（江南的漢人王朝）在政治上顯得十分衰弱。

南北朝時代的末期，南北方的人口都不斷增加，各有一千五百萬人相互抗衡，最終由在政治、軍事上發展較佳的北朝吸收了南朝，於五八一年建立了隋，形成南北統一的局面。統一之後，就連江南地區也開始胡漢通婚。

無論是隋朝的建國君主楊氏，還是唐朝的建國君主李氏，他們皆跟北魏一樣，同樣是出身於鮮卑族，也就是蒙古人。因此，隋唐這兩個中國的主要王朝其實並非漢人的王朝，只是有些中國史學家否認這一點，但當中也有些人表示贊同。日本漢學家宮崎市定在二戰時期發表觀點，強調隋唐是鮮卑族，此後就成了全世界學界上的定論。日本高中的課本中也是採納這項看法。

所以，中國的主要統一王朝「秦→漢→晉→隋→唐→宋→元→明→清」當中，由漢人建立的只有秦、漢、晉、明四個而已。由此可知，中國在歷史上有很長一段時間是被異族統治。

Chapter 5

# 如果「支那」是歧視用語，那麼「中華」呢？

## ◇民族之「血」的濃淡

中國中世紀的隋朝與唐朝，如前章所說，是由蒙古人中的鮮卑族所創建的王朝。

隋朝與唐朝的官僚選拔制度採取「科舉」制，由紙筆考試的成績來決定，是公開的選拔制度，即便沒有人脈或地方勢力的百姓，也有機會能做官。科舉主要的考試內容是孔子的儒家思想與詩作，因此合格者大多都是長期浸淫在儒學與詩詞文化的江南地區的漢人。隋、唐試圖透過科舉制來建立南北一致的政治環境，而也因為朝廷大量錄用有能的漢人為官，科舉制深受南方百姓的支持。

不過，也是有與此相反的例子。十四世紀時，朱元璋驅逐元朝的蒙古人勢力後，建立了明朝。明朝由南京發跡，在統一華北之後，為了要籠絡華北的知識分子而實施科舉。然而仔細探究後，會發現科舉合格者幾乎全都是出身江南者。

朱元璋對於這情形感到相當詭異，便進行調查，但沒有發現任何可疑之處，只發現出身華北的人確實是比出身江南的人更遜色，如此而已。

魏晉以來，華北地區不斷遭受蒙古人的侵襲，混入了不少異民族的血統。相較於此，江南地區的漢人血統比較純正一些（但異族通婚依舊持續進行）。

元朝將首都設在燕京（北京），此舉讓華北地區的經濟有飛躍性的成長，流行的文化也更有國際色彩，所有的學問及研究也都集中在燕京；然而，為什麼出身華北的人在科舉考試上仍然得不到好成績呢？

這是因為科舉考試的內容是對於儒家文化與漢詩的理解，也就是得要有中國文化的素養。所以漢人血統較濃的江南人，其成績比華北人高，是理所當然的事。

明朝實施的科舉制度如實反應出了中國北部與南部的漢人血統濃淡差異，包括朱元璋在內的明朝統治者，原先從未預料到會發生這問題，因此後來朱元璋徹底推行教化政策，以儒教（朱子學說）為國教，將漢人文化與精神普及全國各地。

朱元璋所實行的漢文化復興，又加深所謂漢人與漢文化的民族意識。

## ◇「支那」是歧視用語嗎？

「支那」一詞的含義，無論是時間上還是空間上，範圍都比「中國」還要廣大。「中國」

一般來說是一九四九年由毛澤東建立、延續至今的「中華人民共和國」的略稱（更早之前則是指孫文的「中華民國」的略稱）。

而「支那」是對各時代的王朝及政權的總稱，也囊括了各時代政權統治下的各個民族。有人認為支那並不包含西藏人、維吾爾人和蒙古人，但這其實是錯誤的想法。

「支那」這字眼甚至是超越時空的「大中國」概念，在許多情形下卻變成歧視用語，最近幾乎都沒有人再使用這個詞彙了。應該還有人記得前東京知事石原慎太郎，在一九九九年於東京都知事選舉的演講中，把中國稱作支那，而造成大問題的事件吧？當時石原很憤慨地反擊說：「孫文都可以說『支那』了，為什麼換成日本人說『支那』就變成歧視？」

「支那」本身並沒有歧視或貶低的含義，甚至可以說是尊稱，其語源是來自中國第一個王朝秦朝，英文一樣稱作China，在佛家用語中有「審慎思考」之意的風雅用字。[1]

究竟為什麼支那會變成歧視用語？根據中國的說法，支那在戰前被日本人拿來當作是對中國的蔑稱，何況中國有正式國名「中華人民共和國」，故意以支那相稱，顯見侮辱之意。另外，大多數右派在使用「支那」這字眼時的確帶有貶意，這可能也是一大要因。

不管怎麼說，不需要刻意去用對方討厭的稱呼。但在日文的記載裡，會以「南支那海」[2]和「東支那海」來稱呼南海、東海，此狀況則無可厚非。就算中國人不喜歡這樣的用法，但對日本人而言已經是慣用語了，改變反而會造成不必要的混亂。

## ◇什麼是「中華思想」？

不過，也有知識分子認為不應該使用「中國」這個稱呼。他們的說法是，如果「支那」是歧視用語的話，那麼「中國」一詞更帶有歧視外族的意味。

「中華人民共和國」的「中華」，就是所謂「中華思想」的「中華」。「華」是指文明的意思，漢人是存在文明之「中」的民族，所以稱為「中華」，而周邊的其他民族就是在文明之外的「夷狄」（野蠻人）。因此，「中華」一詞的背後有歧視其他民族的含義，而中國又代表中華，因此有些人主張不要使用「中國」這個國名。

最早發想以中華為國名的人是清末民初的思想家章太炎。一九一一年，辛亥革命成功地推翻了清朝，隔年便在南京成立臨時政府。當時眾人紛紛為臨時政府構思命名，包含取夏朝的「夏」字為「大夏」或「華夏」，以及「支那」等提案，最終採用章太炎提出的「中華民國」。當時的臨時大總統孫文據說也相當喜歡這個新國號。

因此，後來毛澤東等人便從中華民國這名稱衍生出中華人民共和國這一國號。

---

1 編注：據佛經記載，「支那」是古印度對中國的稱呼，代表喜馬拉雅以北地區的遠方國度。

2 譯注：日文為南シナ海，シナ的漢字即為「支那」。同理，東海也是一樣的情形。

「中華」一詞曾在唐朝編撰《晉書》時使用過，不過真正定義該詞字義的人，是宋朝的司馬光。

司馬光在編撰《資治通鑑》（一〇八四年完成，全書共兩百九十四卷）時，曾經設置史館，並接受朝廷的大力資助。當時宋神宗取意「有鑑於往事，以資於治道」，而命名為《資治通鑑》。

《資治通鑑》主張應有「君臣之別」、漢人比周邊民族優秀的「華夷之別」，並全面鋪陳「中華思想」，探討身為文明之「華」的漢民族其歷史使命為何。

《資治通鑑》記載著漢人擁有高度的文化，因此對於可憐的周邊民族施以恩惠，有其必要性。這類貶低周邊民族的內容，也是頗為極端的民族主義。日本與朝鮮等東方國家也被稱之為「東夷」，同屬於野蠻人。

南宋集理學思想為大成的朱熹，也讚揚司馬光的《資治通鑑》，甚至還著有《資治通鑑綱目》，宣揚中華思想，將其融入儒學的世界觀中。

司馬光應可譽為「中華思想之父」。除了是史學家，亦是位鼎宰相的大政治家。

## ◇「異族王朝發展出中華思想」之謎

宋朝為了將中華思想化為一家之言，除借司馬光之力外，更有其他史家與學者鼎力相助，力圖將中華思想體系化。文學家歐陽修也是其中一人，他曾著有史書《新唐書》、《新五代史》，內容與《資治通鑑》一樣，特別區分「華夷之別」，談論中華思想。

宋朝在政治上利用民族主義，目的是為了提高政權的向心力；但其實宋朝並不是由漢人建立的，而是由突厥人（土耳其人）「沙陀族」所建立的王朝。

宋朝最為人所知的是，以文人政治這種非軍事外交手段來與異族講和，因而常被誤解是漢人王朝，但實際上並不是。

九二三年，唐朝滅亡後，突厥人李存勗趁亂而入，建立了後唐。宋朝的建國者趙匡胤等趙氏一族，曾是後唐禁衛軍的軍官與武將，能在後唐這樣的突厥王朝擔任要職，趙氏一族應該也是突厥人。而且趙匡胤有十分優秀的騎馬射箭技術，曾有過駕馭烈馬的逸話，這也能看出他承襲了突厥人的血統。

那麼，為什麼突厥人的宋朝會獎勵漢人的中華思想呢？趙匡胤隱瞞自己身分，宣稱是西漢名臣趙廣漢的後裔，主張自己是漢人。

關於這一點，江戶時代的日本儒學家林羅山曾說過：「劉備自詡中山靖王之後，趙匡胤自詡趙廣漢之後，但並沒有系譜，因此這種說法十分可疑，就像日本戰國武將自稱為貴族末裔依樣。」

趙匡胤的主張毫無根據，只是因為想得到大多數漢人的擁戴，而自稱是漢人罷了。

## ◇中華思想源起的諷刺與矛盾

趙匡胤建立的宋朝其政權基礎相當衰弱，以至於當時根本無法以軍事手段來抵擋強大的契丹蒙古人，為了求和，只能歲貢予蒙古人大量的金錢議和，這就是有名的「文人政治」。

趙匡胤是宋朝的建國者，出身自突厥人沙陀族。

中國會向異族求和一事是相當大的屈辱。為了要粉飾這種屈辱，不得不搬出中華思想來作掩護，強調漢人身為文明的一分子，對於未開化地區的人給予極大的寬容，並施捨賞賜。所以給異族的「歲貢」並非「納貢」，而是「施捨」。另外宋朝將自己稱作兄、把契丹族稱作

「弟」，彼此以兄弟相稱，「哥哥幫助弟弟」也就順理成章了。

以上關係也適用於宋朝對吐蕃（西藏人）的行為，宋朝也曾經提供大量的金錢給吐蕃。我族必須單方面提供金錢給異族，這種屈辱也引起不少批評與憤慨，所以必須把這個屈辱不當成屈辱來看，透過大幅轉換思想的方式隱藏原意，進而形成了中華思想。這也是一種巧妙的辯解方法。

司馬光及歐陽修所構成的思想理論體系非常龐大，當時的知識分子也都認同。中華思想揭示了極端的民族主義，也成為當時宋朝隱藏失去自尊的必需品。

中華思想是因為喪失了優越性後而產生的「虛構的優越性」，在形成的過程中，其源頭就存在了諷刺與矛盾，這是我們必須要知道的事。

Chapter 6

# 日本人繼承了韓國人的血脈嗎？

## ◇「文明」是從朝鮮半島傳過來的嗎？

在日本，小學及中學的歷史課上會學到「渡來人[1]從朝鮮半島來到日本，並帶來高度的文明」這樣的內容。因此我們總覺得，古時朝鮮的地位較高、日本的地位較低。但這樣的印象是不正確的。

的確在彌生時代後期（二至三世紀），製鐵技術和建築技術是從中國經由朝鮮半島傳來日本；但當時日本本身也有高度的技術，能利用優越的冶金技術，製造大型的銅鐸與精巧的銅器，也能以攝氏一千四百度至一千五百度的高溫鍋爐來製造玻璃。

古墳時代（四至七世紀），前方後圓的墳墓等陵墓建築手法，有人說是渡來人傳來的文化，但實際上並不是。從仁德天皇開始出現的前方後圓陵寢是日本文化，之後才傳到朝鮮半島去。朝鮮半島西南部的全羅南道、全羅北道上分布有十幾座前方後圓的墳墓，這些朝鮮的古墳中，埋藏了由日本傳入的埴輪[2]與銅器。朝鮮與日本之間的角力到底是如何？很明顯地，日本是居於上位。或許一般人很難脫離從教科書裡學到的觀念，「渡來人從朝鮮半島來到日本，並帶來高度的文明」，但在古墳時代，朝鮮南部是附屬在日本之下。

在《日本書紀》中的〈雄略紀〉與〈欽明紀〉裡，記載了日本（大和王權）統治了包含「任那」在內的「伽耶」地區。這裡的伽耶指的是朝鮮南部的廣大區域，當中包含了有十幾座前方後圓墓分布的地區。因此這些前方後圓的墓，證明了朝鮮曾被日本統治的痕跡。

在「廣開土大王碑」（好太王碑）上也記載了新羅與百濟曾臣屬於倭的事實。[3]新羅與百濟都曾送本國的王子到日本去當人質。

1 編注：渡來人是古日本對「大陸渡海來日本定居」的人們的統稱。

2 譯注：圍繞在墳墓周圍的中空陶土像，表面呈現陶土原本的灰紅色，分為圓筒埴輪和造型埴輪兩種，被視為是陪葬品或祭祀用品。

3 編注：好太王碑有一關鍵字句，日韓學者有不同解讀。「倭以辛卯年來，渡海破百殘，□□新羅，以為臣民。」（空格為缺字）一般日本學者都解讀為，「日本從辛卯年（三九一年）渡海攻破百濟、新羅，收服為臣」。但近代有韓國學者認為，三九一年日本沒有能力出兵朝鮮半島，該文應斷句為：「倭以辛卯年來渡，每（三點水部首不明）破，百殘、□□、新羅以為臣民。」也就是說，日本人那時渡海來，都是殘破不堪的難民，百濟、新羅把他們當作臣民。甚至有韓國學者認為，日本人在占領東北時塗抹竄改過好太王碑。

**圖6-1　朝鮮半島與前方後圓墳分布區域**（五世紀後半葉至六世紀）

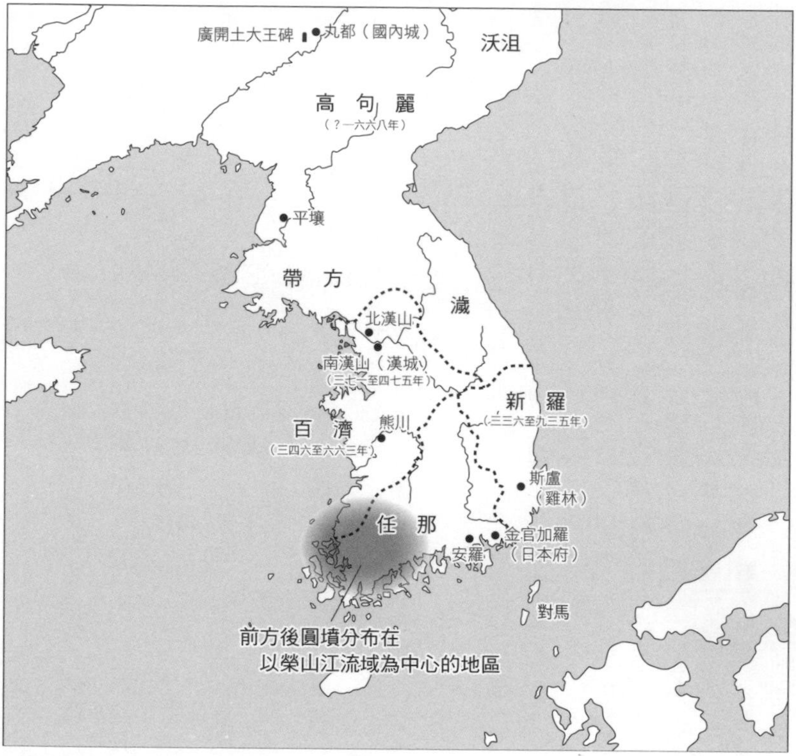


以往的說法是前方後圓墳是由朝鮮傳到日本去的，但現今的調查已確定建立的時期，並且得知是由日本傳到朝鮮去的。

而在中國史書《宋書》的〈蠻夷傳〉裡，也記述了倭的五王曾經興兵朝鮮半島。當時的日本被中國稱呼為「倭國」，帶有邊境野蠻小國的意味，但其實當時日本是連中國也需另眼相看的強國。

然而，不曉得為什麼，日本古時曾統治過朝

鮮，但日本學校卻完全沒教這段事實，很多人以為日本在古時屬於落後國度，但我們必須推翻這種普遍印象（尤其四十歲以上那個世代的人都受這種教育）。

## ◇日本人與將近數百萬名的渡來人混血

四世紀至七世紀時，日本的人口增加了將近數百萬人之多。最有力的說法是因為來自朝鮮的渡來人大量定居日本，才會造成人口增加的現象。

渡來人擔任了大和王朝的中樞要角。在朝廷中掌握最高權力者的蘇我氏等人，據信就是渡來人。然而，像這樣被徵召至朝廷的政府官員與技術人員，只有少部分的優秀人才而已，大多數的渡來人都是被強行帶來日本當奴隸。此外，七世紀時，百濟滅亡，大批遺民遷徙至日本居住，這些遺民的遭遇也不好。

一般的書籍認為，渡來人由於擁有高度的文明，因而受到日本的禮遇。不過當時日本現有的糧食根本無法養活一年內突然增加的數萬名渡來人，因此只好把他們送去開墾尚未開拓的蠻荒之地。

不過，日本人並沒有區隔自己與渡來人。在長久的歲月流轉下，日本人與渡來人之間的交流日益密切，進而相互通婚。也就是在這個時候開始，日本人便不具備「純正的血統」。前述提到，在彌生時代就已經有渡來人移居日本，但古墳時代移居日本的渡來人人數相當龐

圖6-2　渡來人遷徙至日本

| | 時期 | 型態 | 量 |
|---|---|---|---|
| 第一期 | 彌生時代後期（二至三世紀） | 移居 | 少 |
| 第二期 | 古墳時代（四至七世紀） | 強行帶來 | 多 |
| 第三期 | 百濟滅亡（六六〇年）後 | 避難 | 非常多 |

大且有組織，兩者根本無法比擬。

古今中外，沒有所謂不曾與其他民族通婚的純種民族存在，這點是難以否認的。因此並不需要感到失望或予以否認。

二〇〇一年十二月十八日，明仁天皇在記者會上，曾說了以下這段話：

「就我本身來說，桓武天皇的生母是百濟武寧王的子孫，此事實有被記載在《續日本紀》裡，所以感覺跟韓國有種連結。武寧王與日本的關係很深厚，也是從那時候開始，日本頻仍邀請五經博士[4]前訪日本。此外，武寧王之子聖明王，更是將佛教傳入日本的推手。」（以上言論節錄自日本宮內廳官網）

武寧王是百濟國的君王，活躍於六世紀初。根據《續日本紀》的記載，桓武天皇的生母出身自武寧王遠祖渡來人和氏之血脈。由此可見，渡來人與日本皇室也有血緣關係。

有人曾經研究調查，日本人與韓國人的DNA是否有關聯性，而在人類白血球抗原（human leukocyte antigen，縮寫為HLA）的項目中，分析的結果顯示，兩者在遺傳上的同質性很低。今日的日本人與韓國人在遺傳學上的關係便是如此。然而，我們卻無法從這個實驗結果得知，一千五百年前是否也是同樣情況。特別是韓國人和中國人、滿州人與蒙古人之間大量通婚，因而大幅改變了DNA的型態。

實際上，這項實驗結果也得出，韓國人與中國人、蒙古人，特別是滿州人在遺傳學上的同質性較高（這裡要特別留意的是，關於「遺傳的同質性」的定義有很多不同的說法，因此判定高低的基準是相當不明確的。因此上述的觀點僅供參考）。

## ◇隱藏在白村江戰役中的謎團

從「廣開土大王碑」上可以得知，三九一年時，百濟曾臣屬於日本之下。日本以百濟和任那為立足點，影響了朝鮮半島兩百年左右。直到七世紀，唐朝建國，情況才有了改變。唐朝利用新羅試圖統一朝鮮半島，因為其軍事能力強盛，日本的影響力逐漸式微。

由於唐朝擁有強大的兵力，六六〇年，唐朝便一舉殲滅百濟。另一方面，日本也為了要正式進軍朝鮮半島而作準備，擁立當時被派來日本當人質的百濟王太子豐璋王為王，派兵至

4 譯注：中國漢朝掌管五經學術和太學教育的官職，為精通《詩》、《書》、《易》、《禮》和《春秋》的經學家。百濟也設有這一官職。

圖6-3　中國的民族分布圖

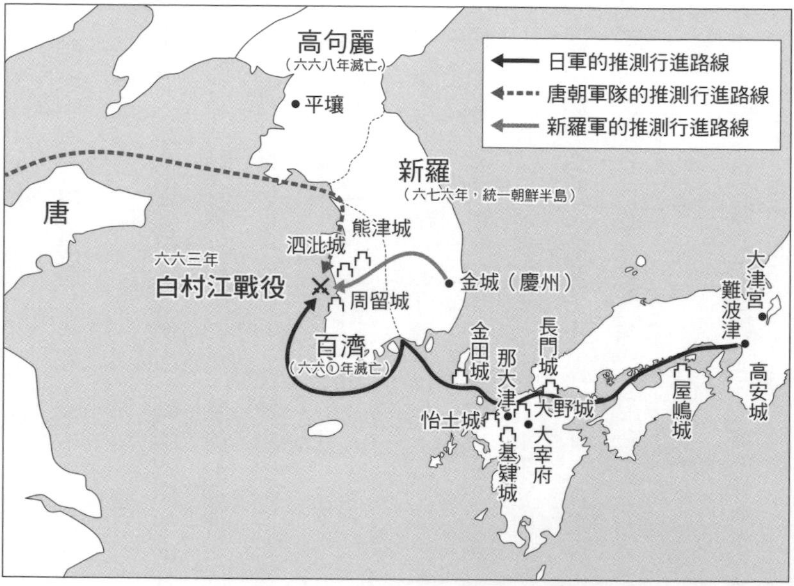


百濟。

唐朝為了要征討百濟，派遣了十三萬大軍至朝鮮半島，新羅也有五萬大軍，因此唐朝與新羅的聯合軍隊共計有十八萬。日本僅派了四萬七千名士兵迎戰，根本毫無勝算可言。當時就連齊明天皇也親上戰場。在日本史上，天皇親自上陣向外征伐，僅此這一例而已。

由齊明天皇率領的日本軍從大阪乘船出發，經過瀨戶內海往福岡前進。但不幸的是，齊明天皇在福岡驟逝，死因不明（有一說是被人暗殺）。六四五年大化革新之後，中大兄皇子（也就是之後的天智天皇）握有實權，延續齊明天皇對朝鮮出兵的政策。

錦江流經韓國中部的都市大田。六六三年在錦江河口，日本與唐朝和新羅的聯合軍隊交戰，但水陸兩方面皆戰敗。這場戰役就是有名的白村江之戰[5]。

為什麼日本要打這場毫無勝算的仗？關於這場戰役有許多不同的說法，不過當中有一點可以確定的是，對日本來說，百濟的滅亡絕對不是「遙遠國度的事」。實際上日本有著「當事者」的心態，認為本國的領土被侵犯，還有對於國家遭到汙辱的憤慨，以此為動機而出兵，甚至連天皇本人都親自上陣迎戰。這是由於百濟臣屬日本，屬於日本領土的一部分，在此前提下，全國籠罩著強烈的國辱意識，戰勝、戰敗反而並非最重要的考量。事實上，當政者必須展現不懼一戰的意志，否則無法維持政權。

在此，我們可以看出中大兄皇子等統治集團的盤算：不論戰局勝算如何，先對抗外來威脅，讓國內處於軍事警戒狀態，以一口氣提高對政權的向心力。在大化革新之後，中大兄皇子的政權仍相當脆弱，百濟滅亡是可利用的政治事件，以強化統治。

5 譯注：由於古代的錦江曾被稱作白江，又稱白江口之戰。

## ◇〈防人歌〉是無名戰士寫的嗎？

在白村江之戰之後，中大兄皇子把敗戰的危機巧妙地與國內政治作連結。他把敗戰拿來作為操作手段，煽動唐朝可能會攻打日本的危機感，以徵求地方貴族的「支援」。所謂的「支援」是個無法推託的難題，如果拒絕了，就會被視為是國家的敵人，被扣上不願鼎力救國的大帽子，受到撻伐。

雖然中大兄皇子等人煽動唐朝可能侵略的危機，但其實根本就不認為唐朝可能來犯吧！百濟滅亡後，朝鮮半島上還剩下高句麗。唐朝與新羅的聯合軍面對強大的高句麗已經有些吃力，根本沒有攻打日本的餘裕。

中大兄皇子成功地將戰爭的危機感發揮到最極致，而鞏固其獨裁政權，並於白村江之戰之後五年，也就是六六八年，即位為天智天皇。這是日本第一次把分散在各地割據的地方貴族勢力，全都統一至天皇之下。

然而，由於白村江之戰戰敗，日本因而失去了對朝鮮半島的統治權，也失去了長久以來與朝鮮半島之間的連結。但這也加強了人民的團結感：我們共有日本列島領域。國家與民族的觀念因此更加明確，日本國家意識的原型就此誕生。

為了要守住日本領域的邊界，當政者設置了國防軍。為了防範唐朝的襲擊，在北九州一帶便有國防軍進駐。

《萬葉集》中收錄的不少首〈防人歌〉，就是出自這段時期。〈防人歌〉是過去那些無名士兵所做，也成為之後在太平洋戰爭中，士兵們出征時內心的依靠。

不過，〈防人歌〉真是出自無名士兵之手嗎？直白點明的話，一點也不浪漫，大部分〈防人歌〉應是當政者為了發揚國威而創作出來的政宣詩歌。當時那些被徵兵的無名軍人應該也沒有讀寫能力，就常理來說，應該不可能創作出文學性如此高的詩歌。

白村江之戰戰敗後，對於建立起戒嚴體制的政權而言，讓人民徹底擁有國防意識是彰顯政權正當性的核心手段。因此在當政者主導下，由民有組織地找人編寫出〈防人歌〉這些政宣詩歌，其實並不奇怪，甚至可以說，對於當政者而言是必不可缺的手法。

## ◇蘊含在「日本」國名中的氣概

當政者在發揚國家意識的同時，也決定了日本的國號，亦即日本這個國家的國名。

中國稱呼日本為「倭」。在東漢時期所編撰的字典《說文解字》中，「倭」含有「順從」之意，也有表示「順從者」，若要更強調，則有「隸屬者」、「歸屬者」的意思。

當然對日本而言，不喜歡「倭」這個字，所以有一說是為了取代「倭」而改用了讀音相同的「和」（兩者發音皆為 wa）。之後於八世紀時再加上「大」，而變成「大和」。

江戶時代的日本學者本居宣長主張，在天智天皇時代就已經開始使用「日本」這個國名。書寫時是「日本」，讀音則是「日之本」，意思是太陽升起的地方。

六〇七年，日本第二次派遣遣隋使時，小野妹子[6]對隋煬帝曾上呈以下非常有名的國書：

「日出處天子，致書日沒處天子，無恙。」

日本原本對於自身是「日出之處」之國的意識相當強烈，所以國名就取作「日本」。而在面對隋朝如此強大的存在，也毫不畏懼，將自己稱作「日出之處」外，還加上「天子」這稱呼。對中國來說，「天子」這個稱號隱含著對方主張彼此是對等關係。隋煬帝會震怒，並不是因為寫了「日出之處」或「日落之處」，而是日本擅自冠上「天子」這名稱。

十世紀時，在五代十國的後晉所編撰的《舊唐書》中，對「日本」這個國名有以下記載：

「日本國是倭國的別稱。因為這個國家是在日邊，故以日本為名。又或者是自身嫌棄倭國這個不夠文雅的稱呼，而改稱日本。」（日本國者，倭國之別種也。以其國在日邊，故以日本為名。或曰：倭國自惡其名不雅，改為為日本。）

日邊就是指日出的地方之意。

日本，這個「日出之地」的國度，其名號包含了古老以來對於國家與民族的驕傲。當我們回想日本這個國號的歷史意義時，必能感受到先祖壯志凌雲的氣概。

## ◇沖繩人和愛奴人是「原始日本人」

同樣是日本人，臉部的輪廓也有深淺之別。擁有粗眉大眼睛、厚唇等輪廓較深等特徵的是南方人。細眉單眼皮、小眼睛且薄唇的淺輪廓則是北方人。北方人為了要適應嚴寒氣候，以平坦且皮下脂肪較多的單眼皮來覆蓋眼球，也為了防止凍傷而演化出薄唇。

日本人大多數都是北方人。但其實「日本人」原本不是北方人，應該是輪廓較深的南方人。在彌生時代，北方人從中國大陸經過朝鮮半島，抵達九州北部，移居到日本列島。就在這個時候，北方人和輪廓較深的南方日本原住民相互混血，而誕生渡來系彌生人。因此，輪廓較淺的人的血統，大概可以判定是源自朝鮮半島。

由於渡來人幾乎沒有踏進沖繩與北海道，所以這兩地的人民仍保存著輪廓相對較深的日本原住民的血統（在人類學上即稱為「二重構造說」[7]）。

6 編注：日本飛鳥時代的政治家、外交家。

7 譯注：指日本人分成兩種系統，即移民的彌生人和原住民的繩文人。

沖繩人至今仍有著輪廓較深的特徵，也就是所謂「原始日本人」的容貌，而北海道的愛奴人也有同樣的特徵。愛奴人主要是居住在北海道、樺太與千島的少數民族，以前也曾居住在東北一帶，被稱為「蝦夷」（但這點仍有爭議性存在）。

愛奴人雖然沒有文字，但卻有和日本完全不同的語言系統。日語中的海獺（rakko）、馴鹿（tunakay—tunaxkay）和柳葉魚（susam）就是源自愛奴語。順道一提，「愛奴」的原意是指「人類」。今日住在日本國內的愛奴人約有兩萬人。

這些愛奴人並未與渡來人混血，依舊保存著該民族純正的血統。由於他們的輪廓深且臉蛋美，而被認為可能屬於某一類的白種人／高加索人種，於是在十九世紀，德國人為了調查實情，還曾盜挖愛奴人的遺骨。二〇一七年，德國人把之前挖掘的遺骨全數歸還給北海道愛奴協會，這件事還因此成為一則新聞。現今調查指出，愛奴人並不是高加索人種，而是蒙古人種。

根據二〇一二年遺傳基因的調查結果顯示，愛奴人與琉球人在遺傳學上算是近親。這項結果備受矚目，因為它證實了「二重構造說」，也就是北海道與沖繩人因與本州距離較遠，而較少與渡來人混血，所以保留了日本原住民（繩文人）的血統。

Chapter 7

# 何謂「韓國人」？

## ◇兩支民族的血統

對於韓國人這樣懷抱著歷史悲情的民族，我們日本人必須更加深入了解才行。不管是對北韓或南韓，難題都積累如山，要面對它們，就必須了解韓國人的根源。

韓國人在人類學上可以被分類成許多民族，因此何謂「韓國人」並沒有一個明確的定義，但是，簡略來說，韓國人的起源可以歸納成兩大血統：韓人系統與滿州人系統。今日韓國人就是由這兩大民族所構成的。

韓人是指住在朝鮮半島南部至中部的民族，是朝鮮半島重要的原住民，也就是韓國人的元祖。韓人在一世紀左右建立了名為「馬韓」、「弁韓」與「辰韓」這三個國家，合併起來總稱為「三韓」。有人解釋說「韓」這個字當中帶有「王」的意思。之後的五世紀時，馬韓成為百濟、弁韓成為任那、辰韓成為新羅，三個國家各自發展。

另一方面，滿州人的存在也極其重要。事實上，滿洲人對朝鮮半島的影響相當大，在漫長的歷史當中，他們實際上是統治者，也與韓人不斷地進行通婚混血，使得兩大民族合為一體。

滿州人原本是住在中國東北的滿州，屬於滿—通古斯（Tungusic）語族（阿爾泰語系），廣義來說包含在蒙古人之內。滿—通古斯語族是總稱，包含住在滿州、朝鮮半島北部至西伯利亞南部地區的民族。有一說「通古斯」的意思是指「養豬的人」。

此外，還有一種說法是，滿—通古斯語族因為信仰文殊菩薩，所以把文殊的讀音「Mañju」配上漢字的「滿州」而來，但卻沒有確切的證據可以證明此說法的真偽。

滿州人視水為幸運物，所以曾經把「州」字加上水字旁，成為滿「洲」。「滿洲」原本是民族名，後來也被拿來當作地名，最後演變成沒有水字旁的「滿州」比較通用。

## ◇韓人與滿州人相互對立

韓人和滿—通古斯語族的滿州人，原本無論是從語言系統還是血統方面來看，是截然不同的兩個民族。韓人是農耕民族，而滿州人則是狩獵民族。

漢江是位於首爾南側東西向的河川，若以漢江為分界，大概可以畫分成漢江以北是滿州人的區域，以南是韓人的區域。

滿州人最先建立的王國是「高句麗」，西元前一世紀時建於朝鮮半島北部，四世紀末至五世紀疆域版圖達到最大，支配了滿洲全域、遼東半島和朝鮮半島北部等廣大地域。

高句麗的第十九代君王廣開土大王（好太王），在當時曾遠征朝鮮半島南部，攻打百濟。日本的大和王朝因為與百濟結盟，所以派兵至朝鮮，與廣開土大王交戰。這場戰役也被記載在有名的「廣開土大王碑」上。

高句麗的歷史曾編入教科書，被歸類在韓國史的範圍內，因此我們對於「高句麗與百濟、新羅屬於同一民族」的印象十分深刻。然而事實上，高句麗是滿—通古斯語族的滿州人國家、百濟與新羅是韓人的國家（百濟的王族是出身自高句麗王族的滿州人，但大多數老百姓則屬於韓人）。

唐朝於六六〇年與新羅結盟，消滅了百濟。六六三年，唐朝與新羅的聯合軍隊在白村江之戰打敗了百濟的遺民，以及與百濟結盟的日本。之後，唐朝派兵至高句麗，並於六六八年占領了平壤，消滅了高句麗，之後唐朝便在平壤設置安東都護府，取得統治權。

新羅曾支援唐朝征服高句麗的行動，之後便得到唐朝的援助，統一了朝鮮。由韓人所建立的新羅王朝成為朝鮮統一國家的開端。到那時為止，韓人與滿州人一直是對立的態勢，可以說首場勝利由韓人獲勝。不過，我們必須留意的是，事實上新羅是唐朝的屬國，所以那場勝利是作為臣屬國而獲得的。

## ◇「高麗」是由滿—通古斯語族的滿州人所建立的統一王朝

另一方面，高句麗被唐朝滅亡之後，滿州人在滿州建立了國家「渤海國」。建國者是大祚榮，他出身自滿—通古斯語族的靺鞨族，自稱為「高句麗的遺族」。

九世紀末，唐朝國力衰退的同時，新羅也跟著式微，使得滿州人的勢力再次壯大。十世紀時，以開城（Kaesong，位於現今北韓南部）為據點的滿州豪族王建於新羅末期的反叛軍中嶄露頭角，消滅了新羅、建立了國家「高麗」，定都開城，並於九三六年消滅後百濟，統一了朝鮮。

圖7-1　全盛時期的滿—通古斯版圖

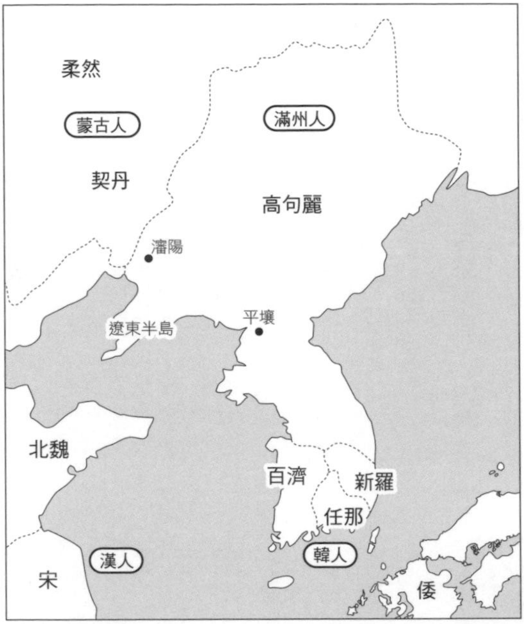


高麗一詞，即是英文korea（韓國）的語源。高句麗和高麗是相同的詞彙，只是加了「句」的高句麗是舊稱。一般

會把古朝鮮稱作「高句麗」，中世紀的朝鮮稱作「高麗」，以作為區別。

高麗是由王建立國，以滿—通古斯語族的滿州人為統治階級的朝鮮統一王朝。王建出身於與中國做海上貿易的商賈世家，因此王建也有漢人的血統。王建因為家族富裕，便拉攏武將庾黔弼等北方滿州人軍閥，形成成強大的軍力。他結集滿州人，讓韓人屈服，支配了朝鮮半島。

高麗將首都設於開城，滿洲人出身的高麗人並未越過漢江，將首都設於南方韓人的區域。

若要比勢力的強弱，滿州人的勢力大於韓人、而且相當懸殊。這是因為滿州人所在的區域是一片廣大肥沃的平原，人數眾多，再加上與中國有所接觸，可以取得先進的文化與技術。

在新羅時代，韓人較滿州人有優勢，是因為唐朝在背後支援的緣故。但唐朝國勢衰退後，韓人就失去了優勢地位，滿州人的勢力一下子增強了不少。

此外，由於韓人統治的新羅是農耕民族，比較拘泥於身分階級，以至於整個國家組織與社會變得僵化，阻礙了發展。北方的滿洲人則打破了僵持的局勢，建立了新的政權高麗。

## ◇在韓國為什麼全羅道出身的人會被排擠呢？

直到今日，韓國政經界中仍只有少數人出身自西南方全羅道，甚至還會被排擠。南韓總統出身自全羅道的，也只有金大中一人而已。人們會排擠全羅道的原因，可以回溯自十世紀的高麗時代。

自從王建建立了高麗以後，滿州人與韓人便大量通婚，但同時掌權的滿洲人，也依然對於韓人給予差別待遇。

在王建統一朝鮮之前，朝鮮處於後三國時代（八九二年至九三六年，指新羅、後百濟、泰封等三國），局勢動盪不安。當時與王建率領的高麗（滿州人勢力）對抗的是新羅（韓人勢力）與後百濟（韓人勢力）。新羅最先投降，而後百濟則是抵抗到最後一刻。後百濟就是以今日全羅道的全州市和光州市為據點的王國。後百濟當時勢力強大，曾經逼得王建走投無路，但最終還是被打敗，朝鮮統一。

在那時，後百濟人身為敵國人民，便被高麗貶為奴僕，而全羅道也成為被欺壓的對象。同樣是韓人的王國，新羅是由於前王朝所形成的王國，以王都慶州為中心發展成為先進地區，使得新羅人民得到高麗的敬重；相對地，高麗對於百濟人則相當不友善。

全羅道地區的人持續受到壓榨等不公平待遇，於是對掌權者累積了極大的怨恨。另外再加上韓人與滿州人是不同民族，受到的歧視就更嚴重。後百濟人因為恨意爆發，時常起義，但最後又遭到高麗徹底鎮壓。而這些被鎮壓的人，又被強迫為奴，形成負面循環。

以上的負面循環不只出現在高麗時代，也延續至李氏王朝。在漫長的歷史洪流中，這樣歧視已經定型，即便到了今日，仍舊無法完全消弭，還保留一些痕跡。

一九八〇年，反體制、性格強烈的全羅道光州市居民為了追求民主化，爆發大規模抗爭，政府還出兵鎮壓，造成多人死傷，這便是著名的光州事件。

## ◇「李氏朝鮮」本來是滿州人政權

圖7-2　韓國的行政區域畫分

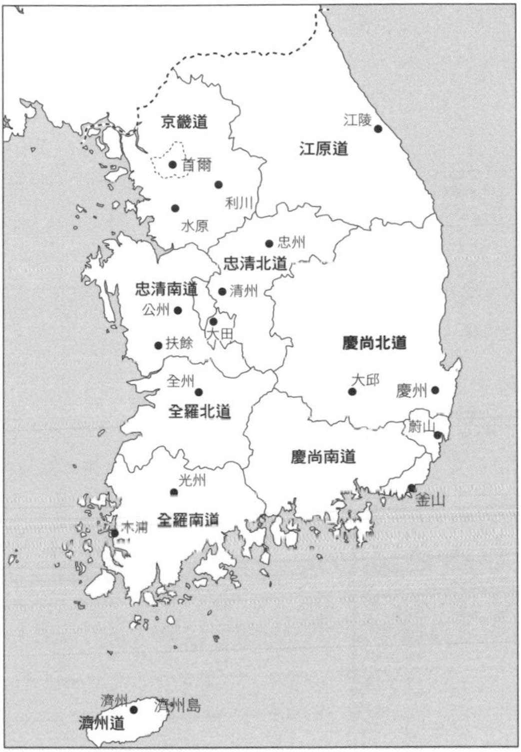


高麗在十世紀建國後的三百年，處於獨立狀態，不曾受到中國統治。這是由於當時中國宋朝實行文人政治，缺乏軍事擴張的行動。也因此，高麗是韓國各個統一王朝裡，唯一行使國家主權的一個。

當時高麗方製陶技術繼承自宋朝，工

藝相當發達，高麗青瓷也非常有名。也因為朝廷護持佛教，進而編撰了《高麗大藏經》[1]，文化興盛。在韓國人的記憶來說，高麗時代就是韓國人的光榮時代。

但在十三世紀，因蒙古人的元朝入侵，高麗投降並成為元朝的藩屬國，這也讓朝鮮再度成為中國的藩屬，自此之後很難翻身，可以說，與中國陸地相接的半島便有此悲哀宿命。

一三六八年，明朝建國以後，高麗與明朝對立。一三八八年，高麗發起對明朝的戰爭，高麗武將李成桂率領數萬軍隊前往遼東。

然而，李成桂認為與強大的明朝開戰無異於自殺行為，因此發動政變帶軍反攻開城。一三九二年，李成桂大權在握，廢掉高麗王，建立了李氏的朝鮮王朝，臣服於明朝之下。

李成桂是出身於高麗的統治階級，實為滿州人。他身為高麗滿州人的軍事領袖，勢力範圍在漢江以北的區域。李之蘭是李成桂的部下，是高麗女真人的領袖，因此他也成功拉攏滿州人至統治勢力圈內。高麗之後，滿州人的政權仍延續下去。

李氏的朝鮮王朝首都位於漢陽（即今日的首爾）。四世紀時，百濟建國之初，最初首都也是設在漢陽地區，不過那時候是在漢江的南岸，所以稱作「漢城」。百濟是漢人的國家，因此無法越過漢江於北岸建都。在地緣政治上，百濟把漢江視作防衛敵人的天險，與滿州人分庭抗禮。

另一方面，李氏王朝為滿州人的國家，所以以漢江北岸為根據地。這也是現今南韓首都

圖7-3　朝鮮的統治階層

| | 時期 | 統治者 | 首都 | 相應的中國朝代 |
|---|---|---|---|---|
| 新羅 | 七至十世紀 | 漢人（統一者：文武王） | 慶州 | 唐朝 |
| 高麗 | 十至十四世紀 | 滿州人（建國者：王建） | 開城 | 宋、元朝 |
| 李氏朝鮮 | 十四至十五世紀 | 滿州人（建國者：李成桂） | 漢陽 | 明、清朝 |

首爾會位於漢江北岸的原因。

不過，到了李氏王朝，整個朝鮮半島的韓人與滿州人已大幅融合，大家也不再刻意區分這兩個民族，也就逐漸形成今日韓國人的樣貌了。

## ◇「李氏朝鮮」並非國名

李氏朝鮮在建國之初就是中國明朝的藩屬國。李氏朝鮮並不是一個國家，也不是國名。新羅和高麗是國名，但李氏朝鮮並不是國名。朝鮮是屬於中國明朝的一部分，是不被允許有國名存在。

當然，不是國家的話也不會有國名，但是沒有名字的話，也就無法稱呼，所以就以「李氏朝鮮」來作為名稱。雖然有人

1　譯注：《大藏經》為佛教經典的總集，簡稱為《藏經》，存有許多版本。而《高麗大藏經》是世界上最重要和最全面的大藏經之一，也是大韓民國國寶，並列入聯合國教科文組織世界記憶名錄。

認為「朝鮮是個國名」，但事實上並非如此。朝鮮並不是國名，而是地區名。以前，中國人曾說「東邊的朝陽鮮明之地」，後來變發展成了「朝鮮」這個地名。

自李成桂之後的朝鮮君主，皆被明朝皇帝認可為該區域的諸侯王，因此，李氏王朝的君主不會被稱為「陛下」，而是降一階的「殿下」；王位繼承人也不會被稱為「太子」，而是「世子」。

李朝每年都必須向中國進貢大量金錢與貢品，以及數千名的美女。後來連一個美女也沒留下，只剩下醜女，也有人認為這是為何朝鮮人在長年之後容貌變醜的原因。

朝鮮是個土地貧瘠、國力衰弱的國家，根本不足以上貢中國所要求的金錢與物資，因而改貢獻年輕女性。送往中國的美女人數不斷增加，據說到最後，很多村子裡都看不見年輕女子的蹤影。總之，當時朝鮮是附屬於中國的一部分。

## ◇對民族文字的反彈

十五世紀，李朝的政權穩定，這時出現了第四代君王——世宗。世宗被稱為是朝鮮名君，他在位的期間，是李朝的全盛時期。甚至正確一點來說，是李氏朝鮮王朝的唯一繁盛時期。世宗想提高人民的民族意識，藉此強化人民對於王權的向心力，因此制定了民族文字。

一四四六年，世宗制定了訓民正音。朝鮮屬於漢字文化圈，原本朝鮮語只是口說語言，並沒有文字，因此，文字都是以漢字來注記。當時，大多數的人民根本不會讀寫漢字，世宗為了讓人民識字，而發明訓民正音這種表音文字。所謂「訓民」，就是教育人民的意思。

在當時發行的《訓民正音解例本製字解》的序文中，世宗自己寫了以下文字：

「愚民們大多都只會口說，（這些內容）卻無法用文字記述下來。我因為哀憫人民而制定了全新的二十八個文字。希望人們很容易就能學起來，每天都可方便運用。」（國之語音，異乎中國，與文字不相流通，故愚民有所欲言，而終不得伸其情者多矣。予為此憫然，新制二十八字，欲使人人易習便於日用耳。）

世宗將人民稱為「愚民」，也可見當時朝鮮是多麼封建的社會。

世宗制定朝鮮文字一事引發明朝的憤怒。朝鮮隸屬於明朝，卻要特意制定民族特有的文字，這有相當明顯的忤逆意圖，因此局勢變得非常緊張，明朝恐將以軍事介入。

對此，世宗反駁說：「訓民正音並不是文字，只不過是教導人民發音的記號罷了。」強調這並非背叛明朝的行為。

此外，世宗這個舉動也引發朝鮮保守派的反彈。保守派認為，朝鮮歷來都因作為中國的一部分而得以享受一流的文化，若是制定了民族文字，便會脫離中國文化圈。他們憤慨激昂，

圖7-4　李氏王朝第四代君王世宗（此為一萬韓元紙幣上的肖像畫）

就連世宗的親信們也有反對制定文字者。

保守派舉了蒙古人、西藏人、滿洲人與日本人（蒙古、西夏、女真、日本）為例，稟告世宗，這些民族便因為建立了自己的民族文字、脫離了中國文化圈而被貶為「夷狄之邦」。世宗的親信中還有人相當激烈，說出「要制定民族文字，就先把我給殺了！」另外兩班貴族[2]也因為想維持識字的優勢而反對。

儘管世宗遭受到各方強烈反彈，但仍斷然推行民族文字。他認為民族文字會讓人民的民族意識高漲，對朝鮮可產生相當大的利益。

不過，問題在於之後的時代。雖然教化人民之後，成功地提高了民族意識，但朝鮮並沒有和中國相抗衡的能力，因此仍無法改變附屬於中國的事實，於是愈發抑鬱受挫。

十七世紀時清朝成立，中國則愈發加深對朝鮮的統治。十九世界後半葉，清朝逐漸衰敗，使得俄羅斯與日本開始侵入朝鮮。而朝鮮國內也因為不知道要依靠哪一邊，內亂不斷，最後演變成朝鮮受日本控制的局面。

2 編注：李氏朝鮮的貴族階級，「二班」的意思為上朝時文官一班、武官一班。

# 第三部
# 支配世界的歐洲諸國

Chapter 8

# 形成歐洲人的三大體系

## ◇生長在溫暖地區的人性格比較隨性？

德國北部人民性格大多嚴肅，從此往義大利南下，會逐漸感受到人民性格也變得隨性不拘。相對於德國人會認真儲蓄，據說義大利人認為，死前沒把錢花完是「人生最大的遺憾」。

在溫暖的地區，農作物與家畜都長得好，河川裡的魚獲也多，糧食十分豐富。一整年都不會挨餓受凍、而是隨時都有食物可得的環境下，人們根本不會去擔心明天的事，因此無須勤勞地工作，更不用說存錢了。

在沒有冷氣的時代，最有效避暑的方法就是「不做任何事」。溫暖的氣候會讓人怠惰，此特質發展久了，成為文化，根植於當地人的習慣裡，人們也就失去了努力工作的欲望。「氣候會影響人們的性格與成就」，這種想法被稱為「環境決定論」。

最常用來說明「環境決定論」的例子便是，同樣是歐洲人，北方的德國人與南方的義大

圖8-1　歐洲人三大體系分布圖

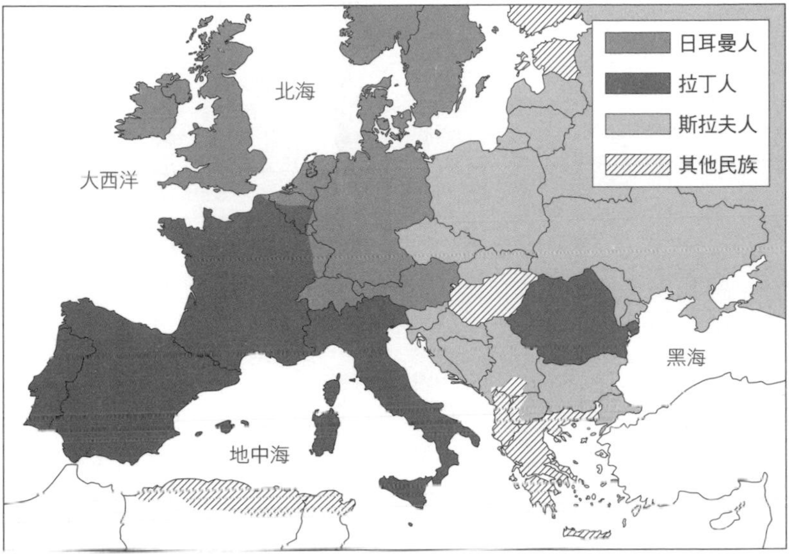


利人的性格為何如此截然不同。

歐洲人可以概分為三大體系：拉丁人、日耳曼人與斯拉夫人。德國人屬於日耳曼人，而義大利人是拉丁人。或許有人會認為「是因為人種不同的關係」，這兩國人的性格才不一樣，但事實卻不盡然。

這個把歐洲人分成拉丁人、日耳曼人與斯拉夫人的系統，是以他們所用的語言文法等型態來做區分，並不是以血統與人種來區分。事實上，他們都是歐洲人，都是同一血統與人種。

但是，歐洲人所囊括的範疇實在太大，為了要細分當中的差別，便分為三個體系。雖然同屬歐洲人，擁有同樣血統，但居住在溫暖南方的歐洲白人膚色逐漸變得褐色，體內色素也變濃，出現愈來愈多黑頭髮與黑眼珠的人。此外，歐洲各地也與亞洲系等各民族混血，再加上前述提及的環境決定論，逐漸形成明顯愈來愈不同的文化、習慣、政治與宗教。

像這樣，經歷漫長的歲月，拉丁人、日耳曼人與斯拉夫人的差異變得更加明顯，原本只是以使用語言而作的區分，意義上愈來愈接近以「血統及人種的體系」所作的區分，而從這個面向上去看的話，「德國人與義大利人是不同人種」，這種認知可以說並沒有錯。

## ◇羅馬人的後代「拉丁人」

聽到「拉丁」這個名詞，大家腦海中首先浮現出的應該就是拉丁音樂吧。拉丁音樂是中南美洲的音樂，特徵是擁有輕快的節奏。森巴和巴莎諾瓦是發源自巴西；探戈是發源於阿根廷；雷鬼音樂和倫巴則是發源自古巴與加勒比海地區。

這裡指的「拉丁」與前述說的「拉丁人」有關嗎？第一眼看到的時候，可能覺得沒什麼太大的關聯，但其實兩者有很大的關係。

所謂的「拉丁」，是源自於古羅馬的地名「拉吉歐」（Latium）。拉吉歐位於羅馬郊外的東南部，是藝術、文化活動相當活絡的地方。在拉吉歐使用的文字語言即稱為拉丁語。之後拉丁語成為羅馬帝國的公用語，也成為全歐洲共通的語言。

以拉丁語為母語的人便是拉丁人（拉丁民族）。拉丁人是羅馬人及其後裔，指的便是義大利人、法國人、西班牙人和葡萄牙人。在羅馬帝國時代，羅馬人大量遷徙至法國與西班牙地區，使得羅馬的語言與文化也向外傳播出去。

十五世紀末之後，西班牙殖民南美大陸，傳播語言與文化至當地，因此許多美洲國家被統合稱為拉丁美洲。所以，拉丁美洲人其實是包含在拉丁人底下的。前述的拉丁音樂與中南美洲被稱為「拉丁」可以追溯到羅馬時代的拉吉歐。

## ◇「斯拉夫」的意思原本是指奴隸

東歐的俄羅斯、波蘭、捷克等東歐的人們，以及塞爾維亞、克羅埃西亞等巴爾幹半島人，都屬於斯拉夫人（slav）。聽到這個讀音，很多人會聯想到英文的奴隸（slave）。的確，斯拉夫人這個民族名稱是有奴隸的意思。以前，人們曾把斯拉夫人視為是奴隸民族。

從前，古希臘的勢力日漸擴大，在向外擴張領土的過程中，遇到巴爾幹半島北邊的斯拉夫人。當時希臘人問斯拉夫人說：「你們說的語言叫什麼名字？」斯拉夫人回答說：「語言（slova）。」「斯拉夫」原本的意思指的是「語言」，但希臘人得到「slova」這個答案之後，便決定稱呼他們為斯拉夫人。且由於後來希臘人把斯拉夫人當作奴隸，在希臘語中斯拉夫即表示奴隸的意思。

羅馬帝國沿襲希臘語，並於拉丁語裡定下「SCLAVUS＝奴隸」的字義。羅馬帝國也同樣將大多數斯拉夫人當作奴隸，並予以嚴苛對待。

自希臘、羅馬時代以來，斯拉夫奴隸中最有價值的就是女性奴隸。斯拉夫人擁有白皮膚、金髮，直到今日，斯拉夫人仍是盛產美女的民族。因此，希臘人和羅馬人襲擊斯拉夫部落，搶奪這些美女，並抓到市場拍賣給有錢人家作性奴隸。

**尚—李奧・傑洛姆（Jean-Leon Gerome）**
**《羅馬的奴隸市場》**
一八八六年，法國畫家傑洛姆繪製這幅作品，想像羅馬帝國時代奴隸市場競標的情形。圖中美女奴隸被以高價販賣。

中世紀之後，日耳曼人和穆斯林會到烏克蘭和巴爾幹半島去擄掠斯拉夫人，以作為奴隸使喚。

十三世紀時，成吉思汗迅速擴張領土，入侵東歐的俄羅斯。蒙古士兵看到從未見過的金髮斯拉夫美女，不禁欣喜若狂，爭相搶奪。蒙古帝國大將速不臺無視成吉思汗的禁令，率領好色的士兵攻進東歐內陸，掠奪斯拉夫美女。

而斯拉夫人開始被有組織地當成奴隸，是在十六世紀伊斯蘭教的鄂圖曼帝國全盛時期，之後將會詳細說明。

## ◇承襲拜占庭帝國文化的斯拉夫人

印歐語系的原居地是在俄羅斯南方的高加索地區。大約在西元前二〇〇〇年左右，為了要躲避地球的寒冷化，大幅遷徙至其他地區（請參照第二章的內容）。一般來說我們會認為印歐語系的移居是經過東方而到歐洲，但斯拉夫人應該並未經過東方地區，而是從西俄羅斯直接進入現在的波蘭、白俄羅斯和烏克蘭西北方，擴張至全東歐。由此可見，斯拉夫人可以說是純粹承襲了印歐語系血統的民族。

俄羅斯與東歐地區是大多數斯拉夫人居住的地方，這裡自古以來受到拜占庭帝國（東羅馬帝國）的文化與宗教的影響。在拜占庭帝國的保護之下，君士坦丁堡的主教將自己的教義視為正統的基督教，而成為「正教」。君士坦丁堡的主教長是以現今伊斯坦堡為據點的東歐基督教的領袖，而西歐基督教的領袖者則是羅馬天主教，兩者分庭抗禮。

九世紀以來，聖西里爾與聖美多德兄弟被稱為「斯拉夫的使徒」，他們傳播「正教」給斯拉夫人。在他們傳教當時，斯拉夫人並沒有文字，因此他們以希臘文字為基礎，考察了可以表記斯拉夫語的文字。這個文字即是「西里爾字母」，現在作為俄羅斯語而被人們所使用。

「正教」一般來說被人稱為「希臘正教」，但這是以西歐人的立場來稱呼，相對於天主教，這稱呼只是代表希臘某地方的本土宗教，有汙衊的意思，因此東歐人並不會稱自己是「希臘正教」，而會說是「正教」。

另一個說法是，「正教」的語言是希臘語或以希臘語為基礎的西里爾字母，所以西歐人才稱之為「希臘正教」。

無論何種說法，拜占庭帝國和斯拉夫人都是承襲古希臘的語言和文化，而相對地，義大利、法國和西班牙等地的拉丁人則是承襲古羅馬的語言和文化。而起源究竟是古希臘或古羅馬，便成為斯拉夫人與拉丁人的明確區別，各自擁有自己的文化體系。受拜占庭帝國影響而擁有了自己宗教與語言的斯拉夫人，於是在整個東歐地區建立起巨大的斯拉夫文化圈。

## ◇日耳曼人的勢力因暖化而擴大

在大學裡，選擇英文之外的第二外語時，有些人會選修法語或是義大利語，大多數人的理由是感覺「很酷」；然而這些想要帥的學生將會面臨到一個痛苦的困境，法語和義大利語屬於拉丁語系，與英語的結構有非常大的差異，所以必須得從零開始學起。

聰明的學生則會選修德語。因為英語和德語同屬日耳曼語系，幾乎有著相同的文法結構，對於懂英文的人而言，德語是很容易就能理解的語言。

日耳曼的英文為German，也就是德國的意思，意味了日耳曼屬於德國體系，其中包含了英國人、荷蘭人、瑞典人等北歐諸國的人。

由義大利的拉丁人建立的羅馬帝國君臨歐洲後，緊接著嶄露頭角的就是日耳曼人。日耳曼人定居在萊茵河以東和多瑙河以北的北歐、德國、奧地利和東歐。

羅馬帝國的政治家暨歷史家塔西圖斯（Tacitus）[1] 曾在著作《日耳曼尼亞志》（*Germania*）裡，記述日耳曼人的事蹟。塔西圖斯形容日耳曼人是與自然共生、行事謹慎的民族，並讚賞他們的性格質樸，而抨擊羅馬人沉溺於享樂墮落。而《日耳曼尼亞志》一書在近代也常被德國民族主義者引用，獲得極大的認同。

日耳曼人在四世紀之後、羅馬帝國衰落的同時，入侵帝國的領地。由於羅馬帝國無力再維持廣袤的國土，於三九五年分裂成東、西羅馬。羅馬帝國逐漸式微，而日耳曼人的勢力卻日漸壯大，最終在四七六年，日耳曼人消滅了西羅馬帝國。

---

1 譯注：古羅馬最偉大的歷史學家，與希臘的希羅多德齊名。他也留下了《歷史》（*Histories*）和《編年史》（*Annals*）兩部膾炙人口的鉅著。尤其《編年史》被世人視為是他最具特色、最精采的作品。

另一方面，東羅馬帝國（拜占庭帝國）則成功阻止日耳曼人的入侵，與斯拉夫人共同茁壯。東羅馬帝國掌握了東方貿易的獨占權，勢力因而成長不少。

拜占庭帝國於六世紀、查士丁尼大帝統治的時代進入全盛期，幾乎恢復了羅馬帝國時的領土，再次完成統一地中海世界的霸業。但與此同時，也因為軍隊經常遠征，使得國內財政惡化，難以維護廣大的國土。對拜占庭帝國而言，即便艱辛但仍無法放棄統治廣大國土的理由，就是為了要確保有足夠的糧食。

歐洲人民經常為糧食短缺所苦。自羅馬時代開始，歐洲便從埃及、突尼西亞等北非地區進口糧食。羅馬帝國的國勢逐漸衰弱時，日耳曼人便到處占領土地，截斷了地中海區域，使得羅馬人無法獲取足夠的糧食。而查士丁尼大帝為了要再度建立起運輸糧食的管道，不得不硬著頭皮實行對外擴張政策。

然而，在查士丁尼大帝統治時代末期，大約是在五五〇年左右，歐洲氣候開始出現暖化現象。暖化讓英國也能大量收穫葡萄，製造葡萄酒。

因為預期農作物可以增產，歐洲人便開始砍伐內陸的森林，進行大規模的開墾作業，而主導開墾事業的就是日耳曼人。

六至七世紀，由於歐洲農業生產力提高的緣故，歐洲地區的人民便逐漸不再倚賴拜占庭帝國的糧食運輸，而拜占庭帝國也因為失去了以高成本維持廣袤土地的誘因，不得不縮小領土面積。

## ◇由拉丁人教皇與日耳曼人皇帝打造出來的西歐

進行大規模開墾而承接起歐洲糧食供給要務的是日耳曼人。隨著糧食增產，日耳曼人人數急遽增加，也使得日耳曼各族開始在歐洲各地建立起自己的王國。

在日耳曼各族中具有強大勢力的法蘭克族，於法國與德國也有影響力，他們藉由與羅馬教皇的合作來擴張勢力。

四九六年，法蘭克人改信天主教，親近教皇。他們藉助教皇的權威，合併其他日耳曼民族，擴大法蘭克王國。

八世紀時，伊斯蘭勢力跨越非洲北部，入侵西班牙，進而威脅歐洲地區。七三二年，法蘭克王國於圖爾戰役中擊敗伊斯蘭勢力，成功捍衛了西歐地區，因此法蘭克國王變成了西歐的盟主。

之後，歷代的法蘭克國王一步步統一了日耳曼部族，並加強與教皇之間的連結。八〇〇年，法蘭克王國的實力終於得到認可，查理曼大帝（Charlemagne）被教宗加冕為皇帝。自四七六年以來，一直空懸的羅馬皇帝皇冠，終於有了繼承者。

羅馬教宗利用日耳曼人強大的勢力，試圖想復興西羅馬帝國的榮光。此外，羅馬教宗利

圖8-3　查理曼大帝時的歐洲與地中海

用日耳曼人勢力的另一個理由是，藉此對抗強盛的拜占庭帝國（東羅馬帝國）。東、西羅馬帝國雖然都同樣源於「羅馬帝國」，但拜占庭帝國的國王卻不承認羅馬教宗的權威，並與之對立。

如此一來，歐洲變分成兩大部分：一個是羅馬教宗藉由任命查理曼大帝為皇帝一事，由教宗（拉丁人）與皇帝（日耳曼人）所構成的「西歐世界」，另一個則是拜占庭帝國（斯拉夫人）所統治的「東歐世界」。

# Chapter 9

# 歐洲諸國是怎麼樣誕生的呢？

## ◇歐洲之所以沒有出現統一王朝的原因

中國自秦朝之後，直到近代為止，都是由一個巨大的帝國來統一全中國。但反觀歐洲，自中世紀以後，則是以分裂國家的狀態一步步構成歷史。

八〇〇年，查理曼大帝統一了西歐，然而，統一帝國只延續了一代。查理曼大帝去世後，帝國分裂成德國、法國和義大利三個國家。究竟為什麼歐洲無法跟中國一樣，成為大一統的帝國呢？

中國境內有黃河流域，為了要實施大規模的灌溉農業，必須得要系統性地供給水源，而這套系統要運作，就必須有縝密的官僚體制，進一步形成了中央集權制。中國的中心被稱為「中原」，位於黃河流域的大平原地帶。中原是生產的據點，也是人口聚集的地方。單一的平原加上單一河川，是形成一個強大政權的必要條件，中國的統一王朝便應運而生。此外，

圖9-1　德國、法國與義大利的誕生

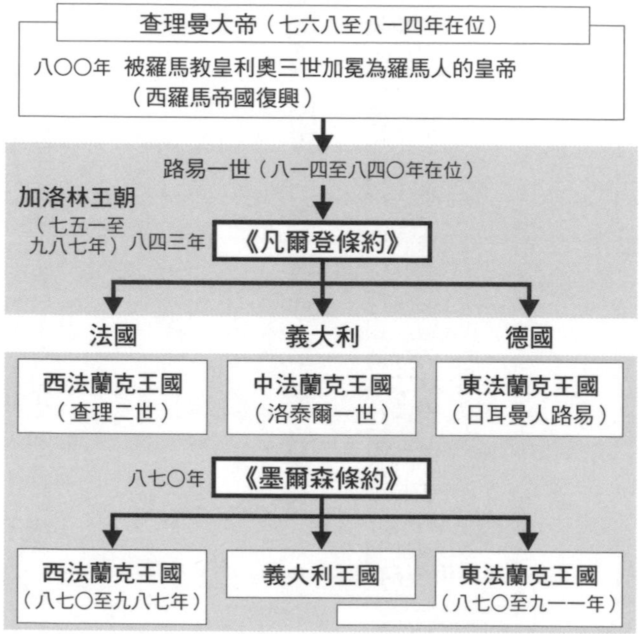


秦朝時中國便統一了文字，加上有共同的語言為基礎，成功地成為統一大帝國。

另一方面，歐洲有著跟中國截然不同的地理環境，除了有多個平原與多條河川，中間還加上有山脈阻隔，如此複雜的地形也間接造成權力的分散，削弱了統一的動機。

此外，在四世紀日耳曼人開始遷徙之後，拉丁人、日耳曼人和斯拉夫人的勢力相互抗衡，彼此牽制，取得政治上的勢力均衡成為首要之務，局勢逐漸形成為，西歐的法國和義大利是拉丁人的領域，德國是日耳曼人的領域。

查理曼大帝去世後，在經過八四三年的《凡爾登條約》與八七〇年的《莫爾森條約》

後確定了國界，區分成三個國家：西法蘭克王國（法國）、東法蘭克王國（德國），以及義大利王國，並確立了各國的基礎。

在這三個國家中，承襲日耳曼人文化與語言的是東法蘭克王國（德國）。西法蘭克王國即是現今的法國，法國（France）的名稱是由拉丁語 Francia 而來，意思是由法蘭克人支配的地區，然而日耳曼人並未掌握這地區的語言支配權，當地仍保留了拉丁語文化，其後衍生而成法文。該地區有一大半的人是拉丁人。

義大利則因為有教皇存在，深受天主教文化與統治的影響，因此保留了拉丁語文化。在查理曼大帝的加洛林家族血緣斷絕後，義大利王國很快崩解，各諸侯及公國各自為政，形成分裂的局面。因此，北義大利才會被德國與拜占庭帝國入侵；南義大利則是被伊斯蘭勢力與諾曼人入侵。

由此得知，歐洲中心三國的誕生與日耳曼人是息息相關的。

## ◇使用讓人暈頭轉向搞不清楚語言的人們

在歐洲中心三國（德法義）中，東法蘭克王國是直接受到日耳曼人的語言及文化所統治的，也就是今日德國的前身，作為日耳曼人固有的國家而發展茁壯。

德國的英文是「German」，但日耳曼人不稱自己的國家為「German」，而是

「Deutsche」。日本人與日耳曼人一樣也是稱德國為「Deutsche」。

這兩個字看似相同卻又不同。「Deutsche」是從古德語「diutisc」而來，意思是「人們的」，所以「Deutsche」是「人們的國家」之意。「German」是拉丁人的稱呼，原本就是拉丁語，英文直接沿用。「German」的原始意思至今仍不清楚，但有人推測意思是「使用讓人暈頭轉向搞不清楚語言的人們」。

古希臘人稱外國人為「Barbaroi」，意思是指「講那些讓人聽不懂的語言的人們」，可譯作野蠻人之意。「Barbaroi」是英文「barbarous」（野蠻的）之字源，所以人們推測「German」也可以用同樣的意思來解釋。

荷蘭的英文是「Dutch」，「Dutch」同樣也是德國之意。在荷蘭還沒獨立之前，英國將荷蘭與德國都稱為「Dutch」，並未刻意區分兩國的不同。到了十六世紀荷蘭獨立後，英國為了要區分荷蘭與德國，而將荷蘭稱作「Dutch」，德國稱作「German」。

順道一提，在英文中有句話叫做「go Dutch」意思是「分開付帳」。這是英國人要揶揄荷蘭人很小氣而產生的片語。

## ◇諾曼人以前曾是海盜嗎？

六世紀後半葉，日耳曼人開始在內陸地區開墾，砍伐大片森林。這舉動使得農業的生產

**圖9-2　日耳曼人的遷徙**

**日耳曼民族第一次大遷徙**（四至八世紀）

- 侵略羅馬帝國的土地，歐洲內陸進行大型開墾事業
- 在各地建立法蘭克王國等日耳曼人的王國

→ **由法蘭克民族進行整合**（查理曼大帝的統一）

**日耳曼民族第二次大遷徙**（九至十一世紀）

- 建立北方日耳曼（維京）的沿岸都市
- 運輸網絡有飛躍性的發展

→ **建立諾曼王朝**（英國）**與諾夫哥羅德共和國**（俄羅斯）

量向上提升，多餘的農產品也賣往其他歐洲地區，進而促進都市的商業發展。從這個時候開始，歐洲便脫離部落社會，在都市為主的地區出現市集。

歷史家布勞岱爾（Fernand Braudel）在其著作《地中海》中，曾如此描述：「人口成長、農業技術改良、商業復甦、手工業有飛躍性的成長，正因為以上條件同時成立，在整個歐洲建立起了都市網絡。」

九世紀時，西歐經濟大幅度成長，富饒的經濟使得市場、以及連結市場的商業網絡因應而生。當時尚未發明貨車與鐵路，因此運送貨物都靠船運走海路的方式。波羅的海與北海的北歐沿岸，便因此產生了物流據點。那時候，負責物流工作的是日耳曼人中的其中一支，也就是「維京人」

（Vikings），在古北歐語中的意思是海灣之民。他們因為居住在北方，也被稱作「諾曼人」（Normans，北方的人）。諾曼人主要居住在包圍著波羅的海與北海的挪威、瑞典和丹麥一帶，自給自足以漁業為生，長期具有高度的造船技術與航海技巧。

隨著內陸的經濟蓬勃發展，物資運送的需求急速擴大，諾曼人便承包了這項工作。諾曼人把橫向的北海與波羅的海、縱向的塞納河、萊茵河、易北河和奧得河，相互連結，形成運送貨物的商貿網絡。

諾曼人屬於日耳曼人中的一支，因此人們便將此次因為商貿而產生的遷徙，稱作「日耳曼民族第二次大遷徙」（歐洲第二次民族大遷徙）。

諾曼人雖然讓人們強烈地產生「維京人＝海盜」的印象，但與其說他們是掠奪沿岸地區的「破壞者」，倒不如說他們是「創造者」，由於海運業的緣故，讓沿岸地區形成網絡，進而振興當地。不過，諾曼人同等於海盜這個根深柢固的印象，應該是緣起於他們在擴張征服沿海地帶時，使用的手段激烈而急促。

## ◇諾曼人創建了英國與俄羅斯

很久之前，經常有人說「英國王室是海盜的後裔」，或許這真的是事實也說不定。因為英國王室的祖先就是諾曼人。不僅英國王室，甚至是俄羅斯皇室，他們的祖先同樣都是擅長

圖9-3　日耳曼人建立的國家

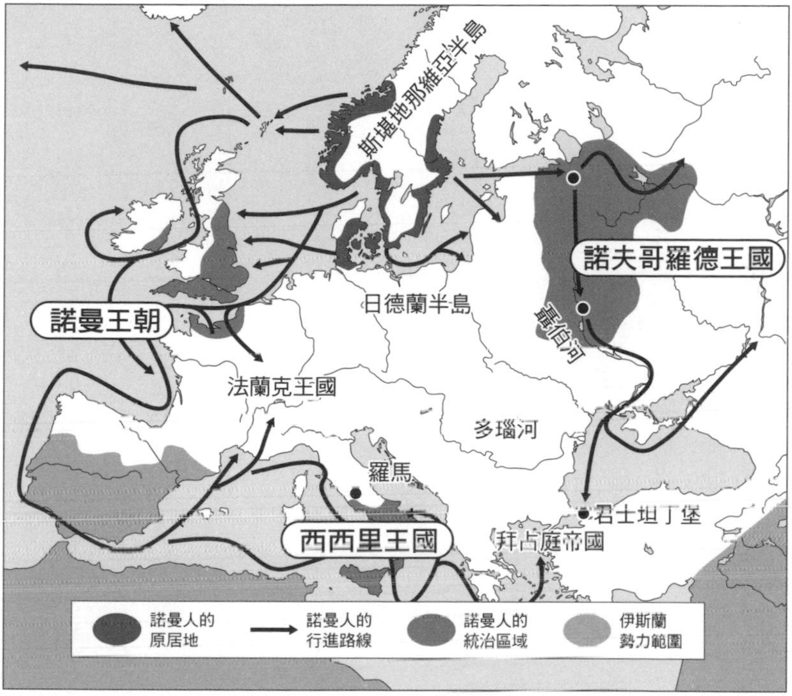


航海的諾曼人。

　諾曼人在獨占海洋的交易網絡之後，從事海上貿易，蓄積了鉅額的財富，在英國與俄羅斯建造了自己的國家。九世紀時，諾夫哥羅德共和國在波羅的海沿岸建立起來，該國即為俄羅斯的主體，而建立這個國家的是諾曼人中的羅斯族，因此「羅斯」（Rus'）即成了俄羅斯（Russia）的語源。而從諾夫哥羅德共和國衍生來的羅曼諾夫王朝（Romanov Dynasty），其政權一路延續到二十世紀。

另一方面，在北海、加萊海峽的當地人（盎格魯—薩克遜人，之後會再詳述）和諾曼人之間經歷過長期且複雜對抗後，於一〇六六年建立了諾曼第王朝，這就是英國的主體。諾曼第王朝的領土不僅只有英國，還跨越了加萊海峽至法國北方。當時英國王室由於占據法國北方領土，因此不斷與法國貴族聯姻，這也成為日後英法百年戰爭中，英國要求擁有法國王位與領土的原因。

諾曼人的勢力是建立在英國與俄羅斯的基礎之上，這股勢力也是從逐漸擴張的海上交易與經濟發展所形成。

諾曼人的航海技術，也受到羅馬教皇的極力讚賞。十二世紀，因為十字軍東征至地中海沿岸區域，為了要從海上確保十字軍的安全、以及擴張地中海的統治範圍，羅馬教皇招募諾曼人來到地中海，讓他們在義大利南部建立西西里王國。對於想進入地中海的諾曼人來說，這真是個難能可貴的機會。

西西里王國的諾曼王魯傑羅二世（Ruggero II），對於地中海盡頭的世界十分感興趣，並聘請了阿拉伯地理學家穆罕默德・伊德里西（Muhammad al-Idrisi）。伊德里西出身自摩洛哥，早年跟隨父母移居受伊斯蘭影響甚深的西班牙，在哥多華研究地理。他因應魯傑羅二世的要求，製作了當時可說是最正確的世界地圖。

圖9-4　盎格魯薩克遜人的遷徙

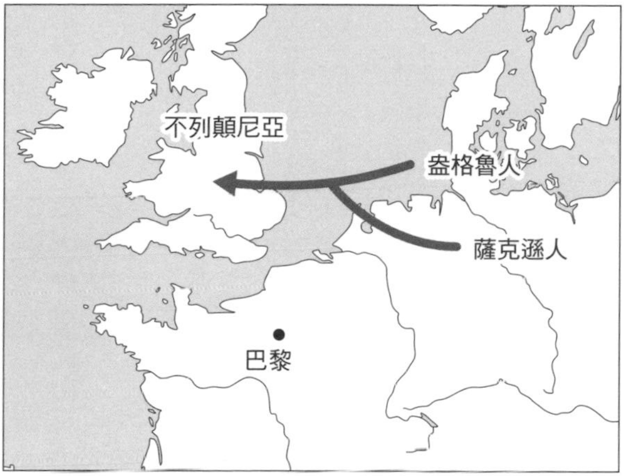


諾曼人將造船等先進的航海技術傳播至義大利的港灣都市，如威尼斯與熱拿亞，使得義大利的這些都市能快速發展。

## ◇盎格魯—薩克遜人成為世界的主導者

根據前一節所述，十一世紀、在英國成立諾曼第王朝以前，盎格魯—薩克遜人就已經定居在那裡。盎格魯—薩克遜人與諾曼人一樣，是屬於日耳曼人中的其中一支。

盎格魯—薩克遜人是一個總稱。這些人就是在五世紀、第一次日耳曼民族大遷徙（參考圖9-2）時，從德國西北部移居到大不列顛島的盎格魯人與薩克遜人。現在大部分的英國人都有盎格魯—薩克遜人的血統，而前一節提到的諾曼人則是後來才到英國的。諾曼人原本屬於統治階級，之後與盎格魯—薩克遜人通婚，逐漸與他們融合，成為一族。

由於盎格魯人是住在日德蘭半島東側的盎格恩半島（Angeln，現在是屬於德國什勒斯維希—霍爾斯坦邦〔Schleswig-Holstein〕的區域）的緣故，因此而得其名。

薩克遜人在德語中是「Sachsen」，是住在今天德國下薩克森邦（Niedersachsen）的日耳曼人。

盎格魯人與薩克遜人自建立了盎格魯國與薩克遜國。在英文裡，England 是指「盎格魯人的國家」；English 則是指「盎格魯人們」、「盎格魯人的語言」的意思。

十七世紀，英國人登陸美洲新大陸，因此盎格魯—薩克遜人指的就是英國人與美國人。這就是今日「世界的主導者」盎格魯—薩克遜人的由來。

## Chapter 10

# 亞洲人和歐洲人的血緣關係

### ◇從頭型就知道是什麼人種？

大家有聽過「長頭型」跟「短頭型」這種說法嗎？可能有聽過「長臉」跟「圓臉」，但可能第一次聽到「長頭型」跟「短頭型」這種說法。

頭型，指的就是頭蓋骨上方的形狀。在體質人類學中經常會聽到這個詞。如同圖10-1所示，若從頭頂的上方來看，長邊較長的就是「長頭型」；長邊較短的是「短頭型」。

長頭型的後腦勺較突、短頭型的後腦勺較扁。另外，長頭型因為頭的橫幅較窄，臉形容易偏長。短頭型則因為頭的橫幅較寬，臉形容易偏圓。白種人大多為長頭型，日本人等蒙古人種大多是短頭型。後腦很蓬的日本人，幾乎看不到吧？

在十九世紀的人類學裡，人們把直接把頭型跟大腦的形狀相連結，用來判斷智力的高低。白種人的特徵是頭型長，所以只要頭型愈長，表示智力愈高，是進化的人種（當然這說

圖10-1 白種人與亞洲人的頭型

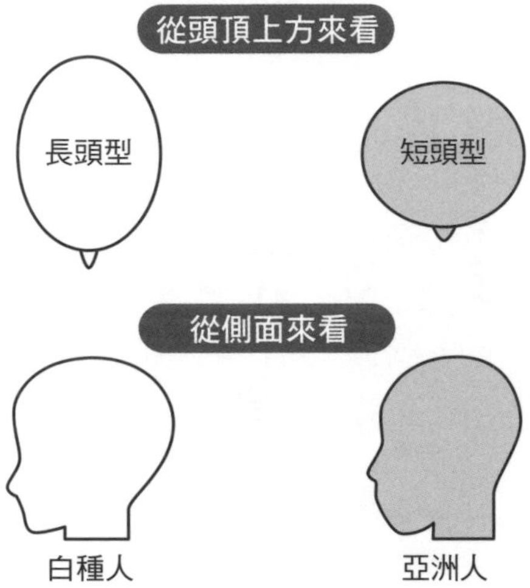


法根本毫無科學根據可言），藉此主張白種人優於其他人種。納粹當時也是以頭型的弧度來判斷是否為猶太人。

但白人的這種想法本身就存在著很大的矛盾。被他們視為是劣等人種的黑人，大多數都是長頭型，而且後腦勺突起的程度還更勝白種人。然而對於此現象，白人卻不願多作解釋。

儘管如此，十九世紀之後還是有人在激烈爭論，以長頭型為演化證據，一再強調長頭型的德國人優於短頭型的法國人。

## ◇什麼是北歐人種至上主義？

美國的社會學者威廉·雷普利（William Z. Ripley）曾經依據頭型，將歐洲人分成三類。一八九九年，雷普利提出歐洲人可分成北歐人種、地中海人種與阿爾卑斯人種，並主張比例上長頭型最多的北歐人種最優秀，再來是地中海人種，阿爾卑斯人種則因為短頭型較多屬於低等人種。

阿爾卑斯人種主要是分布在瑞士、德國南部、奧地利、法國中部、義大利北部、東歐和俄羅斯等歐洲中部地區。以這地區為基準，往北分布是北歐人種，往南則是地中海人種。

雷普利的頭型區分法，某種程度上被人們所認可，在遺傳學上也有重疊之處；但若從今日的角度來看，這根本是毫無科學根據的理論（本來就無法用頭型來區分人種）。然而到二十世紀上半期為止，卻成為歐美人類學的定論。

於是優秀的北方人種創造了歐洲文明，具有能孕育出卓越文化與藝術的才能，這樣的說法迅速流傳開來，也被稱作是「北歐人種至上主義」（Nordicism），並獲得多數學者的認同。

特別在納粹德國時期，人們更因此容易產生北歐人種至上的思想，讚揚北歐人種是亞利安人，仍然維持著純種白人血脈，「亞利安學說」由此誕生。

不過，義大利學者卻批評北歐人種至上主義，理由是歐洲文明發揚自古希臘與古羅馬，地中海人種才是創造歐洲文明的推手，並非北歐人種。

為了回應這樣的反駁，北歐人種至上主義的學者堅稱，羅馬帝國的初代皇帝奧古斯都（屋大維）是北歐人的後裔。提出「奧古斯都是北歐人」的詭論者，是德國優生學者鈞特（Hans Friedrich Karl Günther），他受到納粹的禮遇，被稱作「優生種族學的教皇」。鈞特

圖10-2　北歐與東歐的語言系統

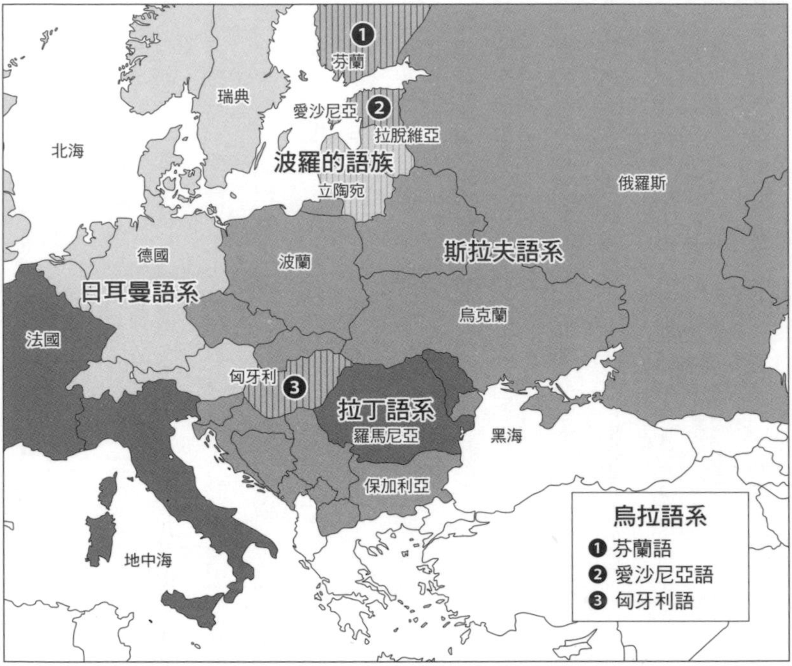


甚至跟年輕時結婚的德國妻子離婚，與挪威人再婚，徹底成為一位北歐人種至上主義者。

當鈞特說「奧古斯都是北歐人」的時候，有人曾要求他提出證據來，為此他回答出「因為奧古斯都是一位正義之士，具備了北歐人的特徵，所以他是北歐人」這樣毫無根據的答案，讓人不知道該如何是好。

## ◇範圍遼廣的亞洲移民

在歐美人之間，北歐十分受到眾人憧憬。北歐人具備金髮碧眼的美麗特徵，現代北歐社會又讓人有種未被工業化汙染、與世隔絕的感受，更增添不少北歐神話世界的印象。

德國作曲家華格納（Wilhelm Richard Wagner），製作了一部禮讚北歐的歌劇[1]，內容融合了德國神話與北歐神話與傳說，展現出德意志民族與北歐人種是一體的。因此，華格納被北歐人種至上主義者視為是聖人。

然而，實際去過北歐後，你會發現那裡就是鄉下，而且北歐人並非全都是金髮碧眼，同樣也是融合了多種民族。北歐人種至上主義者聲稱北歐人保存了純粹的亞利安血統，從歷史上來看根本也不是這麼一回事。

北歐人實際上深受亞洲人血統的影響。歐洲白人與亞洲人之間，在地理上被烏拉山脈所隔絕。烏拉山脈是位於俄羅斯中西方至中亞的區域（請參照圖13-5）。自古以來，蒙古人與土耳其人都曾跨越烏拉山脈，而來到北歐定居。芬蘭人就是其中之一。與芬蘭人一樣，原本是居住在烏拉山脈東邊的亞洲人，就被稱作「烏拉語系」。在烏拉山脈的東南方有一座阿爾泰山，居住在該山脈附近的民族，則被稱作為「阿爾泰語系」。有人把烏拉語系和阿爾泰語系

1 譯注：此處指《尼伯龍根的指環》（*Der Ring des Nibelungen*），由華格納作曲及編劇，歷時二十六年才完成。創作靈感來自北歐神話《威爾森格英雄傳》與日耳曼敘事長詩《尼貝龍根之歌》。

合併（實際上這兩者極有能為同一民族），而統稱為「烏拉—阿爾泰語系」。

直到今日，芬蘭與愛沙尼亞仍被歸屬於烏拉語系（而非被分入北歐日耳曼人的國家）。芬蘭人與馬札爾人（匈牙利的主要民族，請參照第十三章）原本就是由中亞遷徙而來。曾經有個說法是「芬蘭人因為太笨，搞錯氣候而跑到寒帶地方去」。不過，實際上移居至北歐至東歐這麼遼廣範圍的亞洲人裡，還保有純粹亞洲血統的應該就是北邊的芬蘭人了。

波羅的海三小國愛沙尼亞、拉脫維亞與立陶宛之中，屬於波羅的語族的是拉脫維亞與立陶宛；屬烏拉語系的則是愛沙尼亞。波羅的語與斯拉夫語很接近，波羅的語族也可以說是斯拉夫人中的其中一支，在近代早期（十六至十八世紀），他們在俄羅斯帝國的擴張中逐漸斯拉夫化。本來波羅的語族跟愛沙尼亞一樣，是烏拉語系的亞洲人占主流。因此波羅的語族中仍殘留不少與烏拉語系較親近的地方。

為什麼這個地區的亞洲人分布如此廣泛？接著就來仔細分析這個原因。

## ◇北歐曾是亞洲人的王國

十三世紀時出現了立陶宛王國，這是從波羅的語族的區域發展出來的巨大帝國。立陶宛大公國統治了跨越現今波羅的海三小國、烏克蘭、白俄羅斯與俄羅斯西部廣大區域，於一三八六年與波蘭合併。立陶宛大公國的大公雅蓋洛（Jagiellonowie）與波蘭女王結婚後，同時兼任波蘭國王，而創立了雅蓋洛王朝。

立陶宛大公國（即之後的雅蓋洛王朝）可以被視為是亞洲烏拉語系的國家，或是繼承其血緣的國家。原本立陶宛大公國並不是基督教國家，直到十四世紀末，雅蓋洛大公與波蘭女王結婚當時才改信基督教，因此，在這之前立陶宛並未受到基督教的影響，這也是為何立陶宛被歐洲人視為是異族的原因。

此外，在立陶宛大公國急速壯大的背後，有著蒙古人的支持。大家都知道十三世紀時成吉思汗的孫子拔都率領蒙古人至俄羅斯、烏克蘭地區，建立了欽察汗國。此後，蒙古人跨越了俄羅斯，在十四世紀初期遷徙到立陶宛，並與其結合。因為彼此都是亞洲人，所以相當容易就同化在一起。

移居至立陶宛的蒙古人被稱作「利普卡韃靼人」（Lipka Tatars）。韃靼是蒙古人之意，而利普卡在蒙古語中指的是立陶宛的意思。

立陶宛大公國結合蒙古人的勢力，形成範圍囊括北歐至東歐的巨大亞洲系民族國家。有人認為他們也曾與被視為亞洲後裔的芬蘭人一起合作過。

自中世紀開始，北歐的東半部分別被立陶宛勢力與芬蘭人勢力所占據。北歐與亞洲人融合，從此事實來看，北歐人在很早以前就已經失去純種血緣了。北歐全都是白人、而且還是個神聖區域，這種「傳說」也不過就只是個神話罷了。

## ◇亞洲與歐洲的大規模融合

利普卡韃靼人的騎兵隊為立陶宛大公國的主力部隊，戰力十足。以歐洲人的角度來看，他們是奇特的異民族勢力，無法放置不顧，因此將驅逐他們的行動稱為「神聖使命」，自十三世紀以來，日耳曼德意志騎士團便常常與利普卡韃靼人打仗。

圖10-3　十四世紀的東歐

最後的關鍵決戰是一四一〇年著名的格倫瓦德之戰（Battle of Grunwald，又稱坦能堡之戰，First Battle of Tannenberg）。在這場戰爭中德意志騎士團慘敗。

德意志騎士團是由北德意志人的普魯士人所形成的勢力。普魯士人原本是北方德國的盟主，擁有建立自己國家的能力，但在格倫瓦德之戰戰敗後，於整個十五世紀失去了活躍的機會。普魯士人建立普魯士王國，則是在十六世紀。

德國當時比歐洲其他地方還落後，是因為中世紀以來，德意志騎士團跟異族之間不斷爭戰，搞得國家疲弱、發展緩慢。然而，德意志人與普利卡韃靼人等異族的戰鬥記憶卻深深地刻畫在他們的基因中，使他們承襲了「民族聖戰」的使命與意識，而這意識以最激烈的方式爆發，就是在納粹時。

立陶宛王國（雅蓋洛王朝）與波蘭王國合併後，亞洲人便和斯拉夫民族的波蘭人通婚，逐漸同化。

在東歐，組成匈牙利的主要民族是亞洲人種的馬札爾人。既然波蘭和匈牙利都有亞洲人移入，那麼處於中間的捷克斯洛伐克的情形又是如何呢？當然，這地方也有亞洲人遷移進來居住。

亞洲人種的阿瓦爾人，在六世紀時從中亞來到歐洲，並於九世紀之前以德國、匈牙利與捷克斯洛伐克為中心，建立國家。阿瓦爾人雖然與匈牙利的馬札爾人處於敵對的關係，但仍和平共存，直至八世紀時，阿瓦爾汗國因查理曼大帝與其子的討伐而崩壞。十三世紀，捷克斯洛伐克東部的城市歐洛慕奇，也曾被蒙古人蹂躪過。

西部的捷克人說的是捷克語；東部的斯洛伐克人說的是斯洛伐克語，兩者使用不同語言，但卻能用自己的語言與對方溝通，可見兩國的關係相當親近。捷克人、斯洛伐克人與波蘭人，同屬於西斯拉夫語系。

中世紀時期，東歐全區與北歐一樣，遭到亞洲人的入侵，歐洲人與亞洲人之間進行著比我們想像還要大規模的融合。亞洲人入侵歐洲後與白人通婚、同化，但當中仍有一部分還保留著濃厚的亞洲人血脈。這些地方分別是芬蘭（芬蘭人）、愛沙尼亞和東歐的匈牙利（馬札爾人）、南歐的保加利亞（保加爾人）等，此部分會在第十三章詳述。

## ◇加泰隆尼亞想要獨立的理由

在少數民族中有一支名為「凱爾特人」（Celts，也譯居爾特、蓋爾特）的民族。他們是白人，在印歐語系中是最早移居至歐洲的族群。今日凱爾特人居住在愛爾蘭、蘇格蘭、威爾斯和法國西北部的布列塔尼大區，擁有自己的語言與文化。

原本凱爾特人散居在全歐洲，但在羅馬帝國時期，被日耳曼人和拉丁人驅趕至歐洲西北部的邊境地區。

與凱爾特人一樣，在歐洲少數民族中鼎鼎有名的還有「巴斯克人」（Basques）。他們居住在巴斯克地區，於靠近西班牙之處約有兩百六十萬人、靠近法國之處則有三十萬人。巴斯克人在印歐語系的各族來到歐洲以前，就已經住在伊比利半島了。

巴斯克語並未歸屬在某個歐洲語言的系統中，其語言起源成謎，也是世界上最難學的

圖10-4 巴斯克地區與加泰隆尼亞

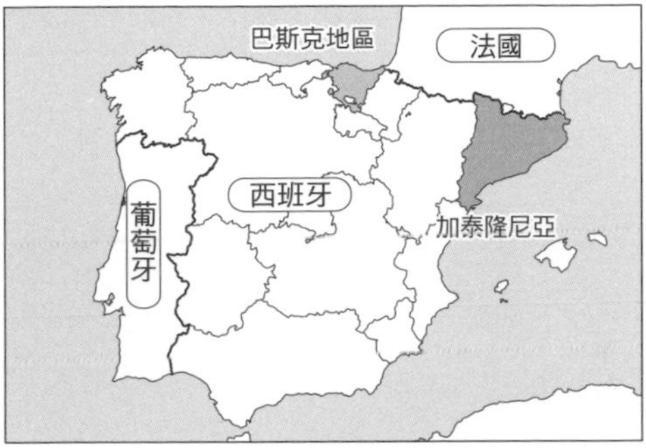


語言之一。即使是巴斯克人，本身會說巴斯克語的人口也只占百分之二十至三十而已。現在最有力的說法是巴斯克人是克羅馬儂人（Cro-magnon man，參照第十八章）[2]的後裔。巴斯克地區於一九三七年在西班牙內戰中受到德法聯軍的空襲，這個悲劇曾被畢卡索畫在繪畫《格爾尼卡》裡。格爾尼卡是位於巴斯克地區中心都市畢爾包的近郊城市。第二次世界大戰之後，獨立運動興盛，巴斯克人進而組織了「巴斯克祖國與自由黨」（ETA，也稱艾塔組織），展開了武裝暴力運動。一九七九年，該地的自治權獲得認可，而成為巴斯克自治區。

二〇一七年，在西班牙同樣也爆發了相當嚴重的加泰隆尼亞獨立問題。加泰隆尼亞的首府是世界知名的觀光勝地巴塞隆納。當年十月一日，全民舉辦公投以決定是否獨立，有超過百分之九十的居民贊成獨立。加泰隆尼亞的語言與風俗皆與西班牙不同，擁有獨特性，自古

2 譯注：指冰河時期住在歐洲的智人。

以來獨立意識十分強烈。

其他爭議還有，在斯拉夫人區域的巴爾幹半島上，羅馬尼亞因為是拉丁語區而被孤立（參照圖10-2）。羅馬人於三三〇年遷都於君士坦丁堡（即今日的伊斯坦堡）時，整個區域包含保加利亞和羅馬尼亞都被羅馬化。羅馬人進駐後，便開始使用羅馬語。保加利亞在中世紀時被保加爾人入侵，只剩北部的羅馬尼亞還存有羅馬人的血統而存續至今，羅馬尼亞的意思即為「羅馬人的土地」。

# 第四部
# 印度、中東與中亞

# Chapter 11

# 統治印度的征服者們

## ◇持續三千兩百年「種姓制度」的起源

今日印度社會還依然留存著種姓制度這種極端的身分制度。身分較低的階級連受教育的權利都沒有，與富裕階級差距極大。[1]印度因為沒有遺產稅的關係，基本上彼此間的差距會固定不變，財富不會被重新分配給貧困階層。如果出生於身分較低的階級，無論再怎麼有能力、再怎麼努力，也很難往上攀升。

種姓制度（Caste）是來自葡萄牙語的「casta」，指的是家世的意思。十五世紀，來到印度的葡萄牙人非常驚訝印度存在著如此嚴謹的身分制度，傳回歐洲後廣為人知。種姓的英語是 class。

一九五〇年，雖然印度政府已經禁止種姓歧視，但由於種姓制度本身未被廢除，故歧視仍根深柢固地流傳下來。目前印度十二億人口中，各種姓的比例分別是：第一階級婆羅門

（僧侶、祭司）約占百分之五、第二階級剎帝利（貴族）占百分之七、第三階級吠舍（商人）約占百分之三，以及第四階級首陀羅（奴隸）約占百分之六十。

另外，還有個地位更低於第四階級首陀羅、不被納入種姓制度中的階級，被稱為達利特（Dalit），大約有百分之二十五的人是屬於這階級。他們是穢不可觸（Untouchable）者，也就是因為他們很汙穢所以不能碰觸，而被人們所歧視。

種姓制度與印度的歷史有很深的關聯。印度在古代便有達羅毗荼人（Dravidian）居住，因而形成印度河文明。之後，外國的亞利安人入侵印度。亞利安人是屬於印歐語系民族的白種人，原本住在中亞地區。西元前二〇〇〇年前左右，開始往西方與南方移動（參照第二章、第三章）。這群亞利安人往西者，成為波斯人、小亞細亞人與歐洲人；往南者則征服印度原住民達羅毗荼人，將其同化為印度人。

亞利安人為了要支配原住民達羅毗荼人，帶來了全新的宗教婆羅門教，自稱自己是最接近神的神聖人種。為了顯示亞利安人的地位，採用了名為瓦爾納（Varna，種姓）的身分制度，亞利安人在上位，而達羅毗荼人則被歸在下位，這就是種姓制度的開端。種姓制度大約出現

1 譯注：印度政府有實施保障名額給種姓低的孩子入學的機會，並非完全沒有受教育的權利。然而，父母可能會因為以外出工作餬口為由，不讓孩子去上學。

在西元前十三世紀，距今約三千兩百年前。

原住民達羅毗荼人雖然幾乎都與亞利安人同化了，但其中有一部分成為後來的坦米爾人，現在仍居住在斯里蘭卡。在斯里蘭卡，信奉印度教的坦米爾人（達羅毗荼人），與信奉佛教的僧迦羅人（亞利安人）相互對立。占全體約兩成的坦米爾人要求從占全體約七成的僧迦羅人中獨立，因此在一九八三年成立了「塔米爾之虎」（LTTE）[2]開始進行武裝抗爭。雖然二〇〇九年該組織已完全被鎮壓，但雙方的對立仍持續存在。

## ◇受惠於印度河的大河子民

原為白種人的亞利安人會像今日印度人一樣膚色黝黑，是為了要適應炎熱環境的緣故。肌膚黑化是黑色素（melanin）生成的緣故。在低緯度日照強烈的地帶，為了要保護細胞不受紫外線的傷害，身體會釋放黑色素至肌膚表面，吸收照進肌膚的紫外線。黑色素有防禦的效果，阻隔紫外線避免傷及細胞。也因為釋放出黑色素的關係，不僅皮膚，就連瞳孔、毛髮也都同樣變黑。

住在印度的亞利安人皮膚之所以會變黑，除了適應環境之外，另一個因素是與達羅毗荼人混血有關。亞利安人除了因種姓制度而歧視達羅毗荼人外，也把他們當作性奴隸。

亞利安人信奉婆羅門教，而婆羅門教並沒有特定開山祖師。婆羅門是由探究宇宙的根本原理的「梵」（Brahman）所衍生而來的名稱。在中文裡，婆羅門等同於「梵」，日文中則為「梵天」，即為宇宙之意。

被婆羅門教的神祇所選中的亞利安人，強硬地採用種姓制度，以顯示自我的神聖性。身分制度是統治者為了要維持社會秩序常使用的手段；當然，被統治的一方必會出現反彈。佛教的創始人釋迦牟尼，不承認婆羅門教的權威與宗教儀式，甚至也否定種姓制度。

印度在中世紀時，仍持續婆羅門教與佛教並存的狀態。婆羅門教在四世紀時排除既往的儀式主義，變成與民眾生活緊密相連的宗教。從這時候起，婆羅門教被改稱為印度（Hindu）教。佛教的信奉者以貴族與商人居多，反觀印度教則是吸引平民百姓，蛻變成大眾宗教。

印度教是來自婆羅門古典語的梵文「Sindhu」，意思是水、大河之意。所謂的「大河」指的就是印度河。「Sindhu」後來轉化為波斯語的「Hindu」，從這裡又衍生成希臘語的「Indos」。由此可見，「Hindu」和「Indos」皆同樣是「Sindhu」的意思，是受惠於印度河的地區與社會、以及其民族全體的總稱。

---

2 譯注：全名為坦米爾伊拉姆猛虎解放組織（Liberation Tigers of Tamil Eelam），擅長游擊戰術，自殺性爆炸襲擊是猛虎組織最常用的抗爭手段，二〇〇八年被列入恐怖組織名單，二〇〇九年領袖普拉巴卡蘭（Velupillai Prabhakaran）遭斯里蘭卡政府軍擊斃，該組織形同瓦解。

## ◇無法突破種姓制度是因為受制於「神之規矩」

印度教是由婆羅門教演變而來，因此也沿襲了種姓制度。印度的種姓制度雖然是征服者亞利安人為了統治而使用的手段，卻也流傳於後世。

印度人民是以農民（最下層奴隸階級）為中心，絕大多數都信奉印度教，因此也接受種姓制度的觀念，認為自己永遠都在最下層。那麼，為什麼他們會接受由征服者創造的宗教與身分制度呢？

在印度的統一王朝[3]時代，發展了都市型的商業經濟，但印度的經濟仍是以農業為中心，農民占了一大半人口。在農耕社會，人們經常身處自然之中，認為有許多神靈在支配自然運作，除了敬畏，也會信仰膜拜祂們。在多神教信仰的印度教中，有雷神、水神和火神等，都是圍繞並活躍於人們生活的大自然中。

相對地，佛教並非引導人去信仰自然中的神祇，而是探究人們如何從苦難中解脫，說明其理念與實踐。對於當時的農民而言，佛教是屬於享受城市生活的貴族與商人的思想，其教義與他們太有距離、太抽象，無法融入日常生活中。

此外，印度教開始巧妙地展開奉愛運動（Bhakti）的傳道活動。奉愛是指「信愛」的意思。印度教的傳教者排除原有的儀式主義，向民眾遊說，必須信神、愛神、全身奉獻於神。這類強烈意識到神祇存在、可以深受神祇護佑的單純感覺，逐漸滲透至農民之間。

七世紀統一王朝結束後，失去保護的佛教在印度迅速衰微，取而代之的就是印度教，勢力日益壯大。

現在十三億人口的印度，印度教徒便占約百分之八十，穆斯林占百分之十五，而佛教徒不到百分之一。

人們雖然知道印度教的種姓制度相當嚴苛，限制很多，但以農民為主的印度人仍然需要存在於大自然之中的神祇。由於種姓制度是由神所訂立的規矩，如果改變其制度就等同於違逆了神祇。

江戶時代的日本也出現過畫分士農工商階級的身分制度，但終究是幕府這種世俗權力所制訂的，因此當幕府被推翻，其制度也就不復存在了。然而，印度的種姓制度是超越世俗的，不可能會因人們的意志而改變。

對於信奉印度教的印度人而言，如此嚴苛的種姓制度，即是神祇賦予給人們的命運。

3 譯注：這裡指笈多王朝（Gupta，三一九至五五〇年），是以恆河流域中下游為中心的大帝國，曾統治印度大部分地區，被稱作印度的黃金時代。

## ◇為什麼蒙古人會統治印度？

十六世紀，印度由蒙兀兒（Moghul）帝國統一。統一王朝在七世紀結束，之後印度一直處於分裂狀態。蒙兀兒的出現，是睽違九百年來的再度統一。蒙兀兒是「蒙古」的錯誤讀音，也因此其帝國便是異族蒙古人的王朝。那麼為什麼蒙古人會來到印度呢？

成吉思汗的蒙古帝國在他去世後，其子嗣各自繼承了不同的區域。當中位處中亞的汗國，於十四世紀統一成帖木兒帝國（Timurid）。建國者帖木兒（Timur）本身就是土耳其人與蒙古人的混血，卻也自稱是成吉思汗的後裔，建立了蒙古人政權。

帖木兒帝國支配絲路，透過交易帶來財富與商業發展。但在十六世紀大航海時代來臨，東西方之間的交易轉至海上進行，陸上的絲路便急速衰落。

帖木兒帝國由於意識到經營絲路不再具有前瞻性可言，便將中亞地區讓給烏茲別克人，率領本國大軍南下至資源富饒的印度。帖木兒的後裔巴布爾（Babur）越過印度河，於一五二六年在第一次帕尼帕特戰役中入侵印度，建立了蒙兀兒帝國。

蒙兀兒帝國繼承了蒙古帖木兒的政權，於是便將國名定為「蒙古」（蒙兀兒）。

蒙兀兒帝國雖然信奉伊斯蘭教，但也允許當地人民繼續信仰印度教，因此種姓制度仍持續流傳下去。

## ◇因統治者的操作而產生分裂

然而，十七世紀後半、蒙兀兒帝國第六代君主奧朗則布是位虔誠的穆斯林，便開始打壓印度教徒。之後則演變成蒙兀兒政權與印度百姓相互對立。趁著兩者混亂之際，英國、法國的殖民者便展開侵略行動。

十八至十九世紀，侵略印度的英國利用種姓制度作為統治人民的工具。英國人對於高種姓的掌權者採取懷柔政策，給予諸多利益，並讓他們代理統治低種姓人民。

英國承認高種姓對低種姓有徵稅之權利，並從其稅收中抽取部分作為納貢。英國獲得納貢金之後，便認可當地有勢力者掌握該土地的統治權。自古便延續至今的種姓制度，可說是妨礙印度人國民意識的最大要因。藉助種姓制度，而讓英國更容易統治印度。

根據蒙兀兒帝國的伊斯蘭政策，以

**圖11-1　巴布爾的入侵路線**

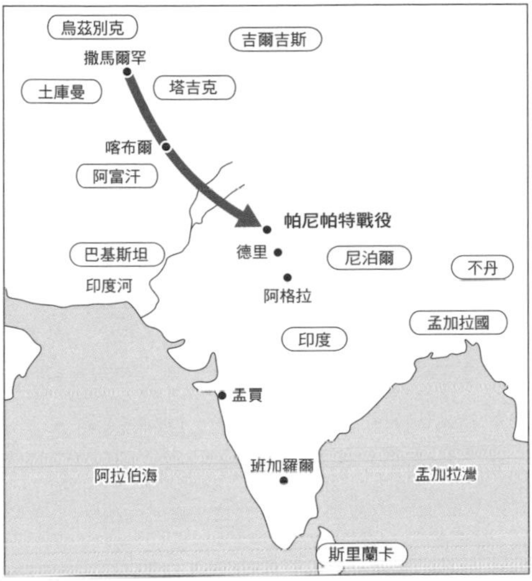

印度西北部為中心，穆斯林的人數逐漸擴大。英國利用穆斯林，讓他們與印度教徒相互鬥爭，而英國則漁翁得利，順利統治這兩大民族。

在印度，由於印度教徒與穆斯林之間的對立衝突持續不斷，一九四七年，英國在承認印度獨立之際，也讓印度教徒較多的印度與穆斯林較多的巴基斯坦分裂，各自獨立為國。

印巴分別獨立後，馬上發生喀什米爾的歸屬問題，引發了三次印巴戰爭。印度在一九七四年擁有核武，而巴基斯坦為了與其對抗，也在一九九八年發展核武。直到現今，印度與巴基斯坦之間的對立仍持續下去。

# Chapter 12

# 伊斯蘭教帶來的民族融合

## ◇伊朗人並非阿拉伯人

你能分辨得出伊朗人和伊拉克人嗎？要從容貌來區分兩者實在有些困難。來到日本的人大多是伊朗人，伊拉克人只有零星非常少而已。

伊朗人和伊拉克人原本是屬於完全不同系統的民族。伊朗人屬印歐語系，和歐洲人同種，而伊拉克人則是閃米語族，屬於阿拉伯人。

伊朗人並非阿拉伯人，不過由於伊朗人位處中東地區，經過長時間不斷反覆與阿拉伯人通婚，等同於阿拉伯化。原本伊朗人的樣貌是比較接近歐洲白種人的。七世紀穆罕默德崛起，整個中東地區開始伊斯蘭化後，便加速伊朗人與阿拉伯人的融合，順道一提，穆罕默德是純種的阿拉伯人。

現在就來按照時間順序，追溯中東民族情況吧。最先在中東的古代近東地區掌握長期政

圖12-1　伊朗人王國的演變

① 西元前六至前四世紀　阿契美尼德王朝（波斯）
亞歷山大東征　希臘化時代（希臘人）

② 西元前三至三世紀　帕提亞帝國

③ 三至七世紀　薩珊王朝（波斯）

權的是阿拉伯人。西元前六世紀出現由伊朗人建立的阿契美尼德王朝（波斯第一帝國）。伊朗人是騎馬民族，因此國號「波斯」（Persia），其語源 Pârs 的意思即是騎馬者。

西元前三三〇年，希臘的亞歷山大大帝來襲，消滅阿契美尼德王朝，合併希臘與古代近東地區，建立帝國。但在亞歷山大去世後，帝國便分裂。

但很快地，伊朗人又驅逐希臘人，恢復原先的勢力，建立「安息帝國」（也稱波斯第二帝國或帕提亞帝國），擴張伊朗和伊拉克的領土範圍，支配中東，其國力與羅馬帝國相當，並與其對戰。安息帝國持續了五百年之久。

三世紀後，安息帝國的勢力逐漸衰落，便由勢力在王國內逐漸抬頭的薩珊家族繼承其王位。二二六年，薩珊王朝（波斯第三帝國）建立。薩珊王朝的「波斯」，指的是「伊朗人」的王朝。

## ◇為什麼伊朗人被奪走了中東的霸權呢？

薩珊王朝擁有強大的勢力，統治範圍從中東、中亞，直到印度西北部。此時，伊朗人是歐亞大陸中部的霸主，伊拉克等中東的阿拉伯民族，都在其統治之下。

薩珊王朝將伊朗人唯一的宗教祆教（瑣羅亞斯德教）[1]立為國教，企圖將國家勢力發揚光大，另一方面則禁止新興宗教摩尼教（明教）。摩尼教的開山祖師是先知摩尼，他以祆教為基礎，融合基督教與佛教的教義，創立新宗教。摩尼教是以商人階級為中心，受到許多信眾的歡迎，卻被薩珊王朝打壓，而摩尼也在二七六年被處以死刑。

薩珊王朝是以波斯（伊朗人）優越主義為主的軍國主義國家。因為王國是由少數的伊朗人來統治大量的阿拉伯民族，所以會將伊朗人神格化，宣揚伊朗人統治的正當性，並以祆教作為國教。然而，摩尼教融合了基督教與佛教，並未將伊朗人視為唯一的神聖對象。

薩珊王朝因波斯優越主義和極端的排外主義，使得歐洲與亞洲的東西貿易交流停擺。面對如此強硬的統治姿態，國內外各民族都累積了許多不滿。在這樣的狀況下，便出現了伊斯蘭教，是由阿拉伯半島西部的阿拉伯人穆罕默德所建立的。

1 編注：祆教的創始者瑣羅亞斯德原本是多神教的祭司，但因為受到其他祭司的迫害，才自立宗教。當時波斯人信奉伊朗—亞利安（Irano-Aryan）的多神教，與印度婆羅門教的多神教相當類似。因此這兩個宗教的階級觀念都相當重。

伊斯蘭教是寬容的宗教，排除祆教的階級差異思想，教義改以「在神的面前人人平等」。伊斯蘭教對於基督教或猶太教這類「啟典之民」（ahl al-kitab，有經者[2]）給予尊重，也不會敵視其它宗教。「啟典」是指猶太教聖典《舊約聖經》和基督教聖典《新約聖經》。

伊斯蘭教吸引許多對於薩珊王朝民族主義不滿的人們，因此急速成長，尤其特別受到從事東西方貿易的商人階級支持。商人因為必須與許多民族做買賣，認為伊斯蘭教能讓他們與各民族相處得更融洽，有助於商業發展。

伊斯蘭勢力統一了阿拉伯半島後，便與薩珊王朝對抗。六四二年，在納哈萬德戰役（Battle of Nihavend）中，薩珊王朝被伊斯蘭教勢力的阿拉伯人所滅。之後中東的霸權就從伊朗人移轉給阿拉伯人，形成伊斯蘭帝國。從阿契美尼德王朝到薩珊王朝，長達一千兩百年的伊朗人優越性地位就此瓦解。

## ◇從歐洲背後襲擊的伍麥亞軍

伊斯蘭的勢力建立了一統的伍麥亞王朝（哈里發國），以阿拉伯人為統治階層，伊朗人等其他民族則為被統治者。為了要擴張國力，伍麥亞王朝亟欲進出歐洲，但前方卻被拜占庭帝國（東羅馬帝國）阻擋。

六七三年，伍麥亞王朝包圍拜占庭帝國的首都君士坦丁堡，但其守備極為堅固，戰爭最後以失敗作終。

無法擊敗拜占庭帝國的伍麥亞王朝，也就無法穿越巴爾幹半島，直搗歐洲的中心。他們只好被迫大幅更改策略，走經由北非的迂迴路線，也就是由北非繞到西班牙，從歐洲背後突擊。六九八年，伍麥亞王朝占領拜占庭領地迦太基，確保在北非的基地。七一一年時占領了西班牙，並與西歐勢力對峙。

這時候的西歐，由日耳曼人組成的各個國家分別占據各地，呈現散亂的情況。突然出現的伊斯蘭勢力讓各國都備感威脅。為了對抗伊斯蘭勢力，各國團結一致，其中心就是實力最強的法蘭克王國（參照第八章）。

七三二年，法蘭克王國統治者查理．馬特（Charles Martel）在圖爾戰役擊敗伍麥亞王朝，而他的子孫即是一統西歐的查理曼大帝。

伍麥亞王朝是軍事主義極強的政權，為了要供應龐大的部隊，就會陷入必須持續不斷地侵略擴張的宿命。

伍麥亞王朝橫越北非，在侵略、掠奪西班牙期間國家運作良好，繁榮依舊。但在圖爾戰

2 編注：有經者也就是「擁有經典的民族」，在《古蘭經》中是相當重要的觀念，大多指猶太人、基督徒、以及拜星教徒等擁有自己聖典的信仰者。

圖12-2　行經北非的迂迴路線

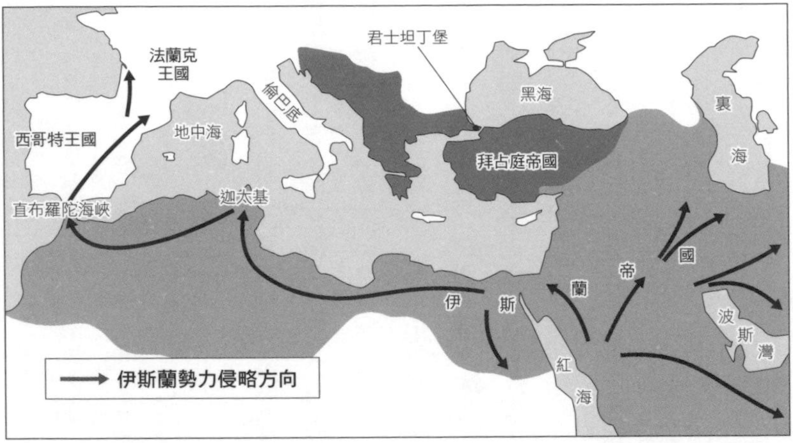


役敗北、停止對西班牙的侵略後，王朝根基受到動搖，致使帝國崩解。敗給異族和異教徒，讓伍麥亞王朝輸得一敗塗地。

## ◇利用對阿拉伯人不滿而建立的阿拔斯王朝

七五〇年，伍麥亞王朝崩壞，新的阿拔斯王朝建立。阿拔斯王朝並非如同伍麥亞王朝是一個軍事國家，而是反省伍麥亞王朝過度的軍事膨脹主義，著力於經濟成長，以努力維持人民對政權的向心力，並排除軍人對國家的強大影響力。

伍麥亞王朝只有阿拉伯人擁有軍事權限，這是為了防患於未然，畢竟，若給予非阿拉伯人同樣的權利，不免擔心他們會起兵反抗。即便外國人從軍，也只讓他們擔任較低的軍職。

同時伍麥亞王朝的阿拉伯人軍事集團也是菁英特權階級，可以免稅。此舉違反了伊斯蘭教的教義「在神面前人人平等」，使得伊朗人等非阿拉伯人的穆斯林累積許多不滿。

阿拔斯王朝便是利用這股對阿拉伯人的不滿而崛起，因此廢止了阿拉伯人的軍事菁英特權，要求支付與其他外國人同等的稅，還改變作法，不再偏重軍事主義，大幅縮減軍人的職責與權限。

然而，這使得阿拉伯軍人憤怒不已，特別對於那些在伍麥亞王朝統治時、賭上性命至西班牙遠征的阿拉伯軍人來說，廢止特權是無法容忍的恥辱。他們放棄追隨阿拔斯王朝，在西班牙建立後伍麥亞王朝。阿拔斯王朝在成立初期就陷入了分裂的狀態。

## ◇什麼是新人種「柏柏人」？

後伍麥亞王朝從阿拔斯王朝分裂出來之後，有七百年的時間，是由伊斯蘭教的阿拉伯人來統治西班牙。這段期間阿拉伯人建造阿爾罕布拉宮，而現存大部分的宮殿都是十三世紀興建的。

西班牙是歐洲觀光客興盛的國家之一。融合了歐洲與伊斯蘭文化而誕生出複合的文化空間，這種獨特的氛圍正是高人氣的原因。

中世紀伊斯蘭教除了因進出西班牙而與歐洲接觸外，其勢力也影響了其他地區。如同前述，伍麥亞王朝是經由北非來到西班牙，當時的阿拉伯人一邊行軍，一邊征服現在位於突尼西亞、摩洛哥和阿爾及利亞的各國王國，其民族主要以非洲黑人種為主。原本在羅馬帝國時代，歐洲人和阿拉伯人就已殖民非洲，不同人種間融合，再加上後來伊斯蘭的統治，更加深了異族融合的情形。

柏柏人正是白人、阿拉伯人和黑人混血的結晶。柏柏人在歐洲的稱呼是Berber，意思是野蠻人，他們居住在北非到西班牙伊比利半島的區域。伊斯蘭在侵略歐洲時，也讓人種間的通婚混血更加複雜，因而產生新人種柏柏人。

## ◇超越國家與民族的柏柏人

十一世紀以後，柏柏人的穆拉比特王朝和穆瓦希德王朝都以摩洛哥馬拉喀什為首都。兩者都是伊斯蘭王國，以馬拉喀什作為政治上的首都，而在伊比利半島的多哥華和塞維亞則作為經濟與文化的中心都市。

多哥華出身的知名學者有穆拉比特王朝的地理學家穆罕默德・伊德里西和穆瓦希德王朝時代的哲學家伊本・魯世德（Ibn Rushd）[3]，他們皆是混血兒柏柏人。伊本・魯世德利用哥多華連接歐洲大陸這項地理上的優勢，蒐集亞里斯多德等希臘哲學文獻，融合伊斯蘭教義與

圖12-3　伊比利半島的勢力變遷

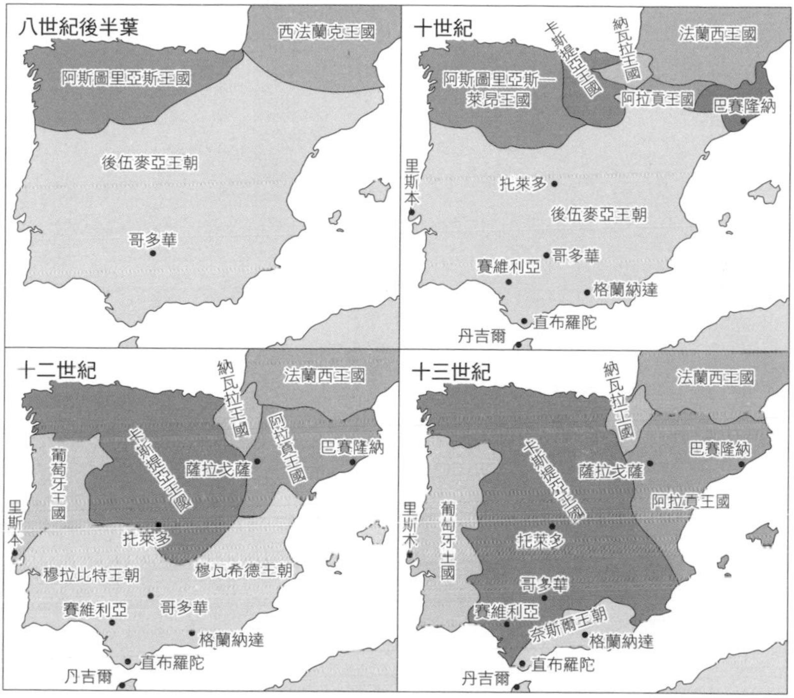


亞里斯多德的學說，大大影響伊斯蘭與歐洲兩方的文化。

十四世紀，柏柏人中出現伊斯蘭最知名的歷史學家伊本・赫勒敦（Ibn Khaldun，突尼西亞出身）以及探險家暨地理學家伊

3譯注：或稱阿威羅伊（Averroes，一一二六至一一九八年）。他是一名伊斯蘭教智者，曾將亞里斯多德的學說和伊斯蘭教義結合，認為哲學與宗教之間本質上並沒有矛盾，被後世譽為西歐世俗思想之父。

本・巴杜達（Ibn Battuta，摩洛哥出身）。

柏柏人之所以能有宏觀的世界角度，在於他們本身就是各人種與文化的混合體，不受單一國家或民族所侷限。

十三世紀，穆瓦希德王朝因內亂而衰落，伊比利半島上基督教各國的收復失地運動（Reconquista）日漸強大。收復失地運動英文的「recovery」是「恢復」的意思。西班牙的前身卡斯提亞王國與亞拉岡王國兩國作為中心，想要從伊斯蘭勢力手中奪回領土。

一二三〇年，多哥華淪陷，穆瓦希德王朝的主力部隊從伊比利半島撤退。然而，反對撤退的分隊以西班牙南部格拉納達（Granada）作為據點，抵抗收復失地運動，並建立奈斯爾王朝。但在一四九二年時，西班牙[4]攻陷格拉納達，奈斯爾王朝滅亡，伊斯蘭勢力完全撤出伊比利半島。

4 編注：此時西班牙尚未建立統一帝國，而是卡斯提亞女王伊莎貝拉一世與阿拉貢國王斐迪南二世聯姻，統治了西班牙境內的大部分區域。直到兩人的外孫卡洛斯一世繼位時，西班牙才有統一全境的唯一君王。

# Chapter 13

# 被稱作「狄」的土耳其人

## ◇土耳其人的起源為何？

對日本人來說，提到土耳其人的印象是「他們不是阿拉伯人，也不是歐洲人，是處於兩者中間的民族」。實際上，現在土耳其共和國的位置在中東與歐洲之間（小亞細亞），若以民族來說則是繼承阿拉伯人與歐洲人的血統。

某次我去土耳其餐廳用餐，店員的長相是亞洲人，他們說的話聽起來混雜了中文與中東語言。我問他們是「哪裡人」，他們回答「土耳其人」，我又問是「哪一國人」，對方便回答「中國」。原來店員們是來自中國新疆維吾爾自治區的維吾爾人。維吾爾人是土耳其人中的其中一支派。

大家都知道中國普遍歧視維吾爾人，甚至打壓他們。因此二〇〇九年時維吾爾人在全新疆發起大規模的暴動，中國還派遣軍隊前往鎮壓，造成許多人傷亡。

**圖13-1　阿爾泰語系的三大系統**

| 語族 | |
|---|---|
| 突厥語族 | ……土耳其人 |
| 蒙古語族 | ……蒙古人 |
| 通古斯語族 | ……滿州人 |

維吾爾人確實是土耳其人。但現在位於安那托利亞半島的土耳其共和國的土耳其人，與距離遙遠的新疆自治區的土耳其人，他們真的是同一個民族嗎？

土耳其人本來分布的範圍極廣，從中亞到俄羅斯中部與南部皆包含在內。土耳其人跟日本人一樣，都是屬於蒙古人種。說到蒙古人，匈奴人就是非常有名的代表之一，他們是北方異族，經常侵犯中國。究竟蒙古人和土耳其人的區別為何呢？單就民族的血統與外貌來看，兩者幾乎沒有太大的差別，但是使用的語言卻不相同。因為兩者的語言不同，因此區分成蒙古人和土耳其人。

蒙古人和土耳其人皆屬於阿爾泰語系，但往下細分後就如同圖13-1所示，是歸類在完全不同的語族裡的。

## ◇「突厥」、「土耳其」等各式各樣土耳其人的名稱

土耳其人在古代（殷、周朝）時，被中國稱作為「狄」。狄的意思是指北方的異族。這個「狄」字以「Türk」的發音傳至北方，最後配上漢字，依時代的變遷便成為丁零、敕勒與突厥等名稱。也

就是說，中國的「狄」字便是「土耳其」的起源。

西元前二世紀，漢武帝討伐匈奴，位於蒙古高原的匈奴人其勢力逐漸衰落，另一方面，土耳其人的勢力卻逐漸壯大。土耳其人在魏晉南北朝至隋唐時勢力遍及整個蒙古高原，這時中國便稱他們為突厥。突厥就是「Türk」的漢字。

當時突厥人（土耳其人）的勢力逐漸擴大，因此與匈奴同為蒙古人的鮮卑人，從蒙古高原被驅逐到南方的華北地區（中國北部）。四世紀末時，鮮卑人入侵華北，並建立北魏。這時代的中國，因為深受北方勢力突厥人的影響，而分成中國北部是北魏、南部為南朝的情形。（參照圖13-2）

從四世紀末至七世紀，突厥人在中國北部建立王國，彰顯其強大的勢力。突厥原本並不太知名，為何會變得如此強大？

突厥的土耳其人部族原本出身於葉尼塞河，這條河的源頭在蒙古高原的北部，並流經俄羅斯中部。在這地區鐵礦石產量相當豐富。四世紀末之後，突厥人的製鐵技術出現了飛躍性的進展，開採了相當多的鐵礦。在中國，突厥人也被稱為「鍛奴」，意思是製鐵的野蠻人。

突厥人因為製鐵而獲得巨大財富，便往中國的南邊，一邊平定蒙古人等部族，一邊急遽擴張其勢力。

**圖13-2　土耳其人、蒙古人與中國王朝的流變**

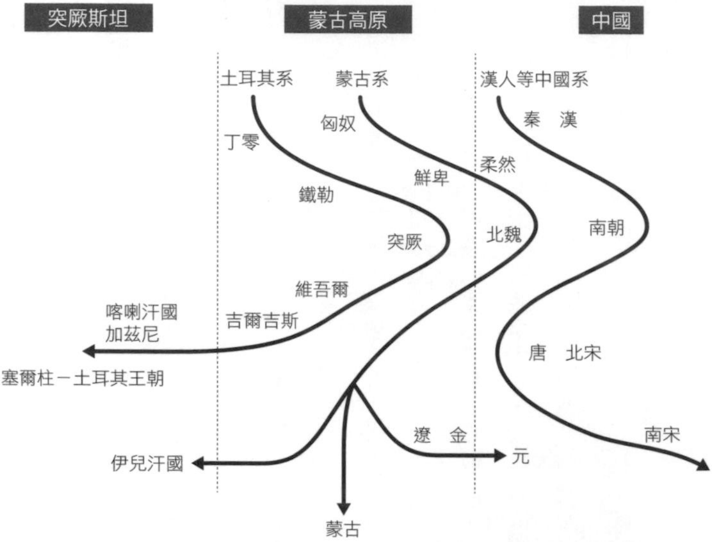


## ◇為什麼土耳其人會西進？

突厥人對於中國同樣抱持野心。但在六世紀時，中國出現了隋、唐王朝，此時中國國力興盛，反過來壓制突厥人，使得突厥人不得不捨棄蒙古高原，而開始往西邊大遷徙。

他們從蒙古高原往塔里木盆地（即今日喀什市一帶）、準噶爾盆地（即今日烏魯木齊市一帶）移動。八世紀時，突厥把名稱改成「維吾爾」（Uyghur），這詞在突厥語中的意思是「我是君主」。這是因為當時率領土耳其人（突厥人）的首領自稱為「維吾爾」，因此這個名稱就拿來稱為該民族的名字。維吾爾人在唐朝發生叛亂（七五五年的安史之亂）時，趁隙襲擊唐朝。

在本章的開頭提到中國新疆維吾爾自治區的維吾爾人，就是在那時來到中國的土耳其人之子孫。十八世紀中葉，清朝征服塔里木盆地與準噶爾盆地，由於這些地方是「新的土地」，而稱之為「新疆」。

九世紀突厥人更加往西邊探進，這時名稱從維吾爾改為吉爾吉斯。「吉爾吉斯」是從突厥語的數字「四十」所衍生而來，並採用俄羅斯語讀音。由於吉爾吉斯是由四十個突厥人部族所成立的，因而得名。

之後，突厥人往西走至突厥斯坦（Turkestan），於十世紀被伊斯蘭化，而建立了喀喇汗國（Kara-Khanid）。突厥斯坦的意思是「突厥人居住的地區」，指的是以帕米爾高原為中心的中亞大部分的區域。今日如果以國名來說，便是指土庫曼（Turkmenistan）、烏茲別克（Uzbekistan）、吉爾吉斯（Kyrgyzstan）、哈薩克（Kazakhstan）、塔吉克（Tajikistan）與阿富汗（Afghanistan）等地區。

突厥斯坦擁有許多綠洲都市，因東西方交易而繁榮。突厥斯坦位於伊斯蘭與中國的中間處，完全掌握了絲路上的商業利益，因此他們從東西方的交易中獲取暴利，成為突厥人擴張國力時的大量資金來源。

順道一提，像哈薩克等英文名稱的後方都有出現「stan」，在波斯語中是指「ＸＸ的住

圖13-3　土耳其人的遷徙路線

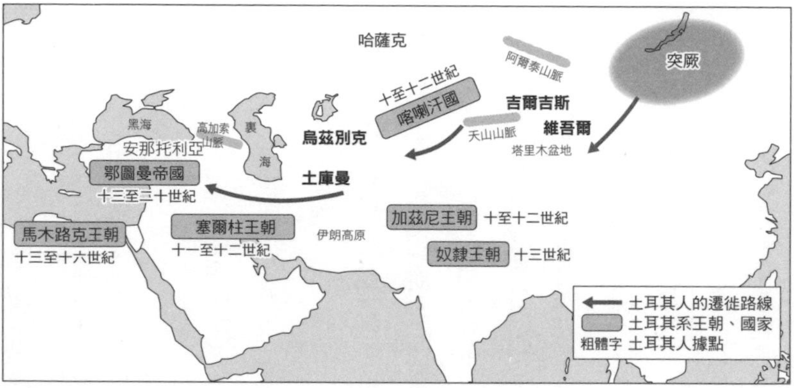


所」或「很多ＸＸ的地方」的意思。

## ◇土耳其人王朝統治中東

十世紀時，突厥人（土耳其人）進入突厥斯坦，信奉伊斯蘭教。為了想把中國的絹、陶瓷器等交易品賣給穆斯林，直接成為教徒是最方便的手段。伊斯蘭教是個國際化色彩較強的宗教，像是突厥人這種外來民族很容易受到伊斯蘭文化的影響而融合，這也是信奉伊斯蘭教的主因之一。

突厥人在突厥斯坦建立了穆斯林的喀喇汗國，之後以喀喇汗國南端的阿富汗地區為中心，突厥人的勢力更延伸至西北方的印度，同時期也在印度建立了伽色膩王朝（Ghaznavid）。

十一世紀，突厥人的勢力又更加強大，大幅往西前進，入侵伊朗與伊拉克，建立了塞爾柱土耳其帝國。此時突厥人與伊朗人、伊拉克人的通婚融合又更加迅速。當時阿拔斯王朝國勢衰弱，塞爾柱帝國奪取其統治權，自立為蘇丹（皇帝），統治伊斯蘭文化圈。

塞爾柱帝國的領土擴張至亞洲的邊緣小亞細亞與安那托利亞半島地帶。安那托利亞的人們逐漸土耳其化，而形成今日土耳其共和國的民族之基礎。

其後，塞爾柱帝國與拜占庭帝國（東羅馬帝國）交戰，並取得勝利。雖然塞爾柱帝國擁有足以誇耀的強大實力，但很快地就在十二世紀時因內部分裂而崩解。

十三世紀，土耳其人的奧斯曼一世從安那托利亞半島崛起，讓消失的土耳其人王國再次復活，這就是鄂圖曼土耳其帝國的起源。

鄂圖曼帝國於一四五三年消滅拜占庭帝國後，便把首都設於伊斯坦堡，支配巴爾幹半島（之後會有詳細說明）。在鄂圖曼帝國時代，土耳其人與舊拜占庭帝國的希臘人、南斯拉夫的白人等混血，形成了我們今天所認知的多元民族土耳其人。鄂圖曼帝國一直延續到二十世紀，銜接到今日的土耳其共和國。

如同前述，突厥以蒙古高原為中心建立了國家，大遷徙的範圍從亞洲到中東、甚至還延伸至安那托利亞半島、巴爾幹半島，成為今日的土耳其共和國。而土耳其共和國的位置，就是突厥成為土耳其民族國家的起點，因此在一九五二年，土耳其共和國曾舉辦了「突厥建國一千四百年」的紀念慶祝活動（突厥統一帝國的出現是在五五二年）。

## ◇襲擊中世紀歐洲的謎樣亞洲人

自近代歐洲盛行帝國主義後，歐洲便開始侵略亞洲。然而在十六世紀以前，卻是亞洲侵略歐洲。主要的侵略事件如圖13-4所示共有四次。

在四次的侵略行動中，最具神祕色彩的是第一次匈人來襲。我想應該有很多人不曾聽過「匈人」吧？

三七五年，匈人入侵日耳曼人的居住地東歐地區，日耳曼人受到壓迫，因此不得不往西移動至羅馬帝國境內。

另一方面，匈人在領袖阿提拉（Attila）的帶領下跨越了日耳曼人的定居地，直接攻進羅馬帝國。羅馬帝國的居民相當害怕匈人。當時的歐洲人曾記載「匈人的臉有點黑、鼻子又塌又扁，看起來就跟野獸一樣」。這些歐洲人對於從未見過的異族容貌深感恐懼。

匈人屬於亞洲民族，是土耳其人或蒙古人，又或者是土耳其人與蒙古人的混血民族。有學者認為匈人是蒙古人匈奴中的一派。有一說是匈奴曾被中國漢朝所討伐，之後其中一部分匈奴人離開蒙古高原，往西移動而侵襲歐洲。提倡這個說法的學者主張，「匈奴」的中文發音，便是匈人名稱的由來。

然而，今日人們認為匈人並非蒙古人，而是比較接近土耳其人。「匈」這個字因為還不確定由來，無法斷然與匈奴連結在一起。

若從地緣政治來看，比較合理的推斷是，入侵歐洲的匈人是居住在鄰近歐洲的俄羅斯中南部與中亞的土耳其人，而不是居住在蒙古高原的匈奴人。

圖13-4　主要侵略歐洲的亞洲民族

| 名稱 | 主要民族 | 時期 | 主要戰役 |
| --- | --- | --- | --- |
| 匈人來襲 | 疑似土耳其人 | 四世紀 | 沙隆戰役 |
| 伍麥亞王朝來襲 | 阿拉伯人 | 八世紀 | 圖爾戰役 |
| 蒙古人來襲 | 蒙古人 | 十三世紀 | 列格尼卡戰役 |
| 鄂圖曼帝國來襲 | 土耳其人 | 十六世紀 | 維也納之戰 |

## ◇匈牙利人是「匈人」嗎？

阿提拉曾率領匈人以勢如破竹的姿態進攻歐洲，卻於四五一年法國巴黎東邊的沙隆戰役[1]輸給了西羅馬帝國的軍隊，而撤退至東羅馬帝國。自此匈人定居在這裡，該地區便被稱為「Hungaria」。

阿提拉的哥哥布列達（Bleda），與阿提拉兩兄弟共同稱王。名字源自布列達的布達城（Buda），同時也是匈牙利的首都布達佩斯的起源。

一般認為以羅馬語讀音的「Hungaria」就是今日的匈牙利

1　譯注：或稱卡塔隆平原戰役，是發生在今日法國的香檳沙隆地區的戰爭。

（Hungary），但也有人持相反的看法。匈牙利這個國名與匈人、表示地名的「Hungaria」完全沒有關聯，而是之後入侵的土耳其人自稱為歐諾古爾（Onogur），這才是起源。「Onogur」的意思是十隻箭、十個部族。這個字在德語則稱作「Ungarn」，並於字首加上無聲「H」，而變成「Hungary」。

這兩種論述，與考察今日匈牙利人的血統有很深的關聯。匈牙利的主要民族是亞洲系的馬札爾人。認為馬札爾人是匈人後裔的一派主張，「匈牙利」是從「Hungaria」轉變而來，另一派認為，馬札爾人與匈人無關，是源自於九世紀從俄羅斯烏拉山脈以西遷徙至歐洲的土耳其人，所以認為「匈牙利」是來自於「Onogur」。

究竟那一種說法才是正確的？其實並沒有明確的證據來證明誰對誰錯。但目前是以「匈人與馬札爾人並無關聯」的說法為主流。不過，由於已經知道九世紀時移居至匈牙利的土耳其人，是馬札爾人的七個部落與可薩人（Khazars）的三個部落的合併，所以這也增添了「歐諾古爾」說法的公信力，即有十個部族之意。

那麼，馬札爾人的「馬札爾」又是什麼意思呢？至今仍沒有人知道。馬札爾人經過長久的歲月，與當地的歐洲人反覆融合，而成為今日的匈牙利人。因此，今日的匈牙利人總讓人覺得帶有亞洲人面貌之感，就是跟以上歷史背景有關。

## ◇富含「自由人」、「冒險家」意思的哥薩克的真面目

土耳其人的原居地是在中亞與俄羅斯的中南部。當中居住在俄羅斯中南部的土耳其人，是分布於烏拉山脈以東、阿爾泰山脈以北的西西伯利亞平原。土耳其人的民族被稱作烏拉語系或阿爾泰語系，就是從這兩座山脈的名稱而來。

葉尼塞河與鄂畢河流經此地，而葉尼塞河中的鐵礦石，便是前面提到的突厥人征伐的資金來源。

在突厥勢力衰退以後、土耳其人往西邊突厥斯坦大遷徙的同時，住在烏拉山脈以東的土耳其人也開始大遷徙。七世紀至九世紀之間，他們越過烏拉山脈，進入窩瓦河（伏爾加河）流域。

來到這地方的土耳其人被稱為「哥薩克人」。「哥薩克」是從土耳其語的Qazaq（哈薩克）而來，意思是「自由的人」或「冒險家」的意思。哥薩克人與俄羅斯人之間產生激烈的對立衝突，近代以來，常受到俄羅斯帝國與其後蘇聯的苛刻打壓。哥薩克人主要分布在兩個地帶，可分為六支：頓河哥薩克、庫班哥薩克、捷列班河哥薩克、扎波羅熱哥薩克、窩瓦河哥薩克以及烏拉爾河哥薩克（都是以河為名）。所以烏克蘭哥薩克這說法有點微妙，因為哥薩克本來就是以烏克蘭人為主。

圖13-5　烏拉山脈以東的土耳其人的遷徙

烏克蘭哥薩克人夾在西邊的波蘭與東邊的俄羅斯、南邊的鄂圖曼土耳其帝國中間，巧妙地使用計謀，在烏克蘭的據點克里米亞半島上全面擴張勢力。但十七世紀至十八世紀上半，俄羅斯帝國強大了起來之後，以大砲猛烈地攻擊了烏克蘭哥薩克人的騎兵隊，併吞了烏克蘭。俄羅斯禁止了烏克蘭哥薩克語，並對烏克蘭人課以重稅，視其為奴隸，讓烏克蘭人陷入困境。

此外，有一部分的土耳其人越過俄羅斯進入東歐。這些人便是前述在九世紀定居於匈牙利的馬札爾人。

其他還有在七世紀來到巴爾幹半島建立土耳其人國家的保加爾人，他們建立的國家就是今日的保加利亞。

同一時期，來到斯堪地那維亞半島建

立土耳其人國家的是匈人，而他們的國家就是今日的芬蘭。

從以上的歷史軌跡來看，我們可以得知匈牙利、保加利亞與芬蘭這三個國家，是被分類為亞洲民族國家。常有學生搞不清楚為什麼歐洲會有亞洲人國家，這是因為這段歷史在課本或是參考書上都不會提及，因此產生這樣的疑惑也是理所當然的。

這三個國家是七世紀至九世紀、由在烏拉山脈以東的土耳其人遷徙至歐洲後所成立的王國。當初都是土耳其人的國家，但經過長年的洗禮，與當地白人不斷地融合，便慢慢地與白人同化了。

不過，也有土耳其人是沒有國家的。有一支土耳其人稱為「阿瓦爾人」（Avars），他們遷居至德國。八世紀時，他們被法蘭克王國的查理曼大帝討伐，整支民族被消滅。有推斷認為他們可能遭到種族清洗而滅亡。

在七世紀至九世紀土耳其人大遷徙的時期，當中兩支從中亞進入東歐的土耳其人、與越過烏拉山脈從俄羅斯到東歐的土耳其人，是動搖整個中世紀的關鍵。土耳其人果然是名不虛傳，他們被稱作「哥薩克」（自由人、冒險家）真的是當之無愧。

Chapter 14

# 猶太人——流散的民族

## ◇阿拉伯人的同族——猶太人

我在二十多歲的時候，曾長期住在比利時的安特衛普（Antwerp）。在安特衛普中央車站附近有鑽石的交易所、研磨所和店鋪，有許多猶太人出沒在這些地方。那邊也有猶太會堂（synagogue），也就是猶太教的教堂。據說在安特衛普從事與鑽石相關事業的猶太人約有一萬五千至兩萬人左右。

若看見猶太人的樣貌，一定會對他們與我們與眾不同的樣子感到驚奇吧。他們頭上深深眼著黑帽、穿著黑衣，留著長長的鬍子，步伐匆匆，看起來就好像是祕密結社的密使一樣。安特衛普這個城市很早以前就可以見到猶太社群與這身裝扮的人們，因而被稱為「西方的耶路撒冷」。

猶太人在歷史上深受迫害。被人們厭惡的理由，或許就跟他們本身醞釀出這種祕密結社的神祕感與排外感有關吧。

說到猶太人，一般都會與白人的形象連結在一起。但是猶太人是在移居到歐洲各地之後、與白人不斷混血下，才出現今日白人的容貌。原本猶太人與阿拉伯人一樣，屬於閃米語系，所以容貌是接近阿拉伯人的樣子。

**圖14-1　希伯來王國**

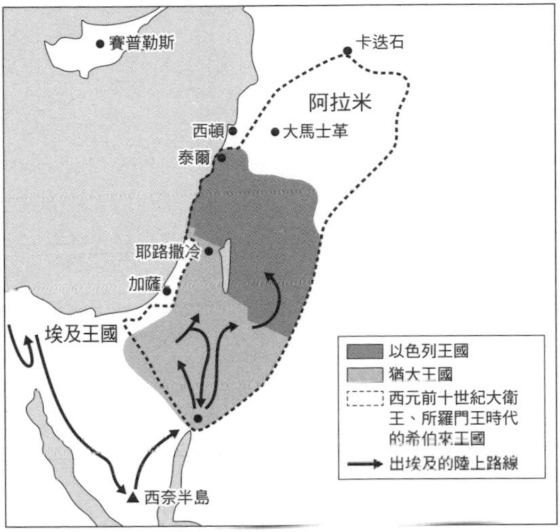


然而，猶太人現在因為已經與多個民族混血，所以很難將他們歸類為哪個民族。因此，猶太人的定義變成主要是由宗教上來作區分，只要是信仰「猶太教」的人，或是猶太人的直系子孫，都算是合格的猶太人。

猶太人曾經居住在西奈半島。而距今約三千年前新王國時的古埃及曾攻打入西奈半島，便把猶太人趕到巴勒斯坦去。

他們在流亡地巴勒斯坦建立了希伯來王國，西元前十世紀大衛王、所羅門王的時代國力強盛，也建立了猶太教。猶太教的聖典是《舊約聖經》，由希伯來語書寫而成，主要是救贖猶太人的內容。猶太教嚴守律法，以及擁有所謂「只有猶太人才會被上帝救贖」這種排他的選民思想。

一般認為，猶太教的封閉性與排外性就是人們不喜歡猶太人的最大原因之一。

## ◇白人化的「迷惘民族」

繁榮一時的希伯來王國後來因內部分裂而式微時，曾被周邊的阿拉伯人統治過。建立希伯來王國的猶太人，原本是被稱為「希伯來人」。「希伯來」這一詞，在希伯來語中是代表「徬徨」的意思。在希伯來王國分裂之後，則成為猶大王國（Judah）。

西元前六世紀，新巴比倫王國的阿拉伯人消滅了猶大王國，大多數猶太人被當成奴隸，全被抓到巴比倫（位於今日巴格達南邊九十公里的古代都市）去，這就是知名的巴比倫之囚。因為他們是猶大王國的遺民，所以就被稱作「猶太人」。

西元前一世紀，羅馬帝國成立後，猶太人在羅馬受到迫害，而分散至各地，這就稱為「猶太人流亡」（Jewish diaspora）[1]。來到歐洲的猶太人們便與當地的白人混血，猶太人開始轉變為白人的樣貌，就是在這個時期之後。

在「猶太人流亡」之中，一共分成了三大群體。流亡至德國、法國以及東歐的猶太人被稱為「阿什肯納茲猶太人」，「阿什肯納茲」（Ashkenazi）在希伯來語中是指「德國」的意思。

而流亡至伊比利半島西班牙地區的猶太人被稱為「塞法迪猶太人」。「塞法迪」（Sephardi）在希伯來語中是指「伊比利亞」的意思。白人化的猶太人主要就是「阿什肯納茲猶太人」與「塞法迪猶太人」兩大群。

在猶太人流亡時仍留在巴勒斯坦等中東區域的猶太人，則被稱為「米茲拉希猶太人」，「米茲拉希」（Mizrahi）在希伯來語中是指東邊、東方的意思。

## ◇即便被奪走財產，也不會被奪走知識

猶太人於金融業的成就非凡，且有商業長才，在歐洲各地備受崇敬與敬畏的同時，也遭受迫害與歧視。在漫長的猶太人迫害歷史中，也有納粹發動猶太人大屠殺這件事。

猶太人是少數沒有自己國家的民族。因為他們就算在軍力上與強者對抗也沒有勝算，於是選擇在異國擴大紮根，獲取財富，改靠經濟實力來取勝。

英國在十八世紀以後實行議會制民主主義，尤其對這樣的國家而言，猶太人大灑錢財、掌握權勢、徹底滲透的姿態容易引人反感，也成為他們被歧視迫害的原因之一。

到了二十世紀，猶太人前往到美國新天地，趁著美國經濟起飛的時機，在金融業中獲得

1 譯注：或稱猶太人大流散。

空前的成功。今日美國大型的證券公司，大多都是猶太人所經營的。比方說像高盛（Goldman Sachs）、摩根士丹利（Morgan Stanley）與貝爾斯登（Bear Stearns）等都是透過猶太人的資本而發揚光大，皆為猶太人色彩濃厚的企業。二〇〇八年引發全球金融海嘯的雷曼兄弟也是猶太系企業。另外，在全球金融海嘯過後，被美國銀行收購的美林證券亦為猶太系企業。

猶太人因為在歷史上已與歐美人同化，擁有足以撼動歐美社會的力量，雖然屬於少數民族，卻經常發揮其強大的影響力。

猶太人不只有經濟實力，在知識與學術方面也很頂尖。猶太人相當勤勉，並對小孩徹底實施斯巴達式的英才教育，並教導他們「如果衣服與書本同時髒了的話，先把書本弄乾淨」。即使遭受迫害，還是被奪取財產，對猶太人來說，唯有知識是無法被奪走的。

猶太人在學術界也是人才輩出。雖然猶太人只占全世界人口中的百分之零點二，但在諾貝爾得獎人數中卻占了百分之二十之多。知名人物有愛因斯坦（物理獎）、尼爾斯・波耳[2]（物理獎）、亨利・柏格森[3]（文學獎）、季辛吉[4]（和平獎）保羅・薩繆森[5]（經濟學獎）、米爾頓・傅利曼[6]（經濟學獎）等。

## ◇為什麼猶太人會被迫害？

人們雖然對於猶太人獲得成功及社會的聲望而感到羨慕，同時卻對他們產生極大的反感。特別是世界瀰漫著不景氣的氛圍，人們心中蓄積了煩悶感，那些民族主義者便把猶太人當作責難的對象，以發洩鬱悶之情。在政治方面，政客為了拉攏人心更是無所不用其極，最典型的例子就是納粹迫害猶太人。

從第一次世界大戰之後到一九二九年經濟大恐慌，許多德國企業受到了猶太人的資金支援，而附屬於在猶太人資本之下。然而，德國企業卻與類似納粹這類民族主義政黨勾結，興起反猶太人的抗議行動，想以驅逐猶太人來抵銷掉欠猶太人的鉅額債務。

迫害猶太人的不只是納粹而已。歐洲各國要找出不曾迫害猶太人的國家，根本是件困難

---

2 譯注：Niels Bohr（一八八五至一九六二年），丹麥人，但其母是出身自猶太富商家族。以「原子結構與從原子發射出的輻射」之研究於一九二二年獲獎。

3 譯注：Henri Bergson（一八五九至一九四一年），法國哲學家，但雙親為猶太人，於一九二七年獲獎。

4 譯注：Henry Alfred Kissinger（一九二三年至今），曾任美國第五十六任國務卿。季辛吉出生於德國猶太人家庭，以「停止越戰」之功績於一九七三年獲獎。

5 譯注：Paul Anthony Samuelson（一九一五至二〇〇九年），出生於美國的猶太人家庭，以靜態和動態經濟理論於一九七〇年獲獎。

6 譯注：Milton Friedman（一九一二至二〇〇六年），出生於美國的猶太人家庭，是二十世紀最具影響力的經濟學家。傅利曼主張自由放在主義並反對政府干預，而以貨幣主義理論於一九七六年獲獎。

的事，幾乎各地都有反猶太人的現象。

帝政時期的俄羅斯為了要平息國內社會的不滿情緒，經常迫害猶太人。反猶騷亂（Pogrom）一詞就是從俄文的「虐殺、破壞」而來的。殺害最多猶太人的很有可能不是納粹，或許是俄羅斯人。順道一提，德語中的猶太人大屠殺（Holocaust），是從希臘語衍生而來，原意同樣是指「虐殺、破壞」。

就連法國在中世紀時也流傳著不實流言，說猶太人在井裡下毒，導致許多猶太人被虐殺。法國啟蒙思想家伏爾泰與盧梭，是人人皆知的提倡反猶主義的著名人士。在納粹黨占領法國的時期，法國保守派當中有些人認同納粹屠殺猶太人的行動，進一步協助屠殺的人甚至也不在少數。

自古以來，基督徒嚴厲批判猶太人的排外性，對他們抱持著敵對憤慨之心。比方說德國宗教改革家馬丁．路德，曾經寫過一篇論文名為《關於猶太人與他們的謊言》（一五四三年），藉此辯解基督徒對猶太人的厭惡，以編造屠殺猶太人正當的理由。

## ◇巴勒斯坦是陷入混亂的「應許之地」

巴勒斯坦這地區以前是希伯來王國的所在地，也是猶太人古代的故土，而曾經統治過這片土地的是，十六世紀以後的鄂圖曼土耳其帝國（參照第二十二章）。然而在十九世紀，鄂

**圖14-2　猶太人的三大系統**

- **阿什肯納茲猶太人**……德國、東歐裔猶太人，與現今居住在美國的大多數猶太人
- **塞法迪猶太人**……西班牙裔猶太人
- **米茲拉希猶太人**……滯留在中東的猶太人

圖曼土耳其帝國國力衰弱，重建故土巴勒斯坦一事似乎具有可行性，因此住在歐洲的猶太人便發起了「錫安主義運動」。「錫安」（Zion）一詞是巴勒斯坦的古名，猶太人認為必須要結束流亡生涯，回復應許之地巴勒斯坦。

一九一四年，第一次世界大戰正剛開始，英國便與德國，以及鄂圖曼土耳其帝國等同盟國陣營開戰，卻陷入苦戰。英國苦於戰爭經費的調度，便向猶太人財閥羅斯柴爾德家族尋求資金援助。猶太人與英國約定，以要在巴勒斯坦建立猶太人的國家一事作為金援的條件。

這項協議記錄在一九一七年，英國外交部長亞瑟・貝爾福寫給猶太人財閥羅斯柴爾德的信件之中。

第一次世界大戰之後，英國占領並統治巴勒斯坦，依據貝爾福的信件內容，在英國的主導下猶太人陸續移居至巴勒斯坦，並開始建設猶太人的國家。但由於猶太人進駐的緣故，原本居住在這地區的巴勒斯坦人（阿拉伯人）就被驅逐，為此憤怒的巴勒斯坦人便與猶太人發生武力衝突，使得巴勒斯坦地區陷入一片混

圖14-3　以色列建國的軌跡

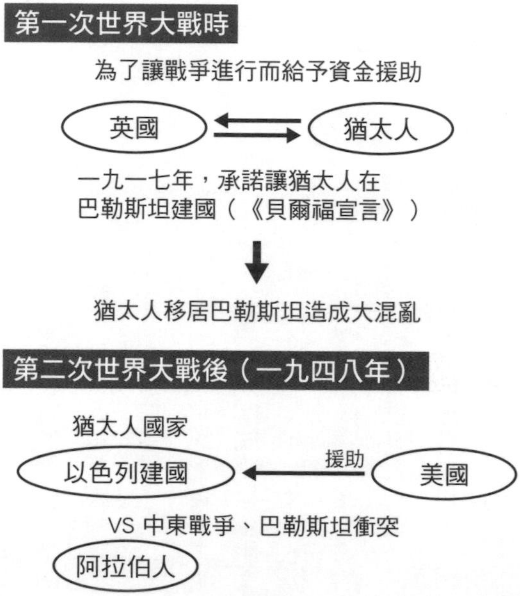
第一次世界大戰時
為了讓戰爭進行而給予資金援助
英國
猶太人
一九一七年，承諾讓猶太人在
巴勒斯坦建國（《貝爾福宣言》）
猶太人移居巴勒斯坦造成大混亂
第二次世界大戰後（一九四八年）
猶太人國家
以色列建國
援助
美國
VS 中東戰爭、巴勒斯坦衝突
阿拉伯人

亂，烽火連天。

最初英國人其實早就料到，如果猶太人移居至巴勒斯坦，一定會與當地的巴勒斯坦人產生衝突對立，造成諸多傷亡。但是為什麼英國會做出這樣無謀的協議呢？這是因為它必須得取得戰爭所需的龐大資金。

英國在第一次世界大戰與德國對戰，如果戰敗了，國家將面臨崩解的命運。所以英國為了要打贏戰爭而不擇手段，不管巴勒斯坦最後會如何，總之目前取得經費是最重要的事，所以才造成現在的後果。

對英國來說，這是為了顧全大局而不得不犧牲小事的選擇。當時的英國政治家不是特例，若身處同樣的狀況，無論是哪國政治家應該也會以本國的存亡利益為第一優先，而犧牲其他民族吧。這就是所謂的政治。

## ◇撼動美國的巨大金援

猶太人移居至巴勒斯坦之後，隨即開啟猶太人與阿拉伯人之間的激烈爭端。但是，英國沒料到的是，自己製造了兩國衝突的起因，並且遭到國際言論猛烈的撻伐。

當時正處於電信媒體發展、普及的時候，報導機構在世界各地陸續成立，因此哪邊發生了什麼事情，一瞬間就可以傳遍全世界。世界已經進入一個全新的時代。英國對於被其他國家激烈砲轟一事，感到非常驚慌，不得不站出來收拾自己捅出來的婁子。英國開始限制以色列人移居至巴勒斯坦，並壓制在巴勒斯坦的猶太人，避免其勢力日漸壯大，試圖想緩和雙方的緊張局勢。然而，猶太人與巴勒斯坦人之間的衝突並不是那麼容易就可以解決，即便英國插手調解也於事無補。

在第一次世界大戰中，能源的需求從煤炭轉為石油，在這樣的背景下，英國不得不在乎擁有油田的阿拉伯人之意見，無法對猶太人的要求都照單全收。

這樣的情況一直到第二次世界大戰開始，納粹黨迫害猶太人後情況更加險峻。對於猶太人而言，前往巴勒斯坦避難是首要之急，英國擔心以色列與巴勒斯坦之間的衝突會愈演愈烈，仍舊限制以色列人的移民政策。猶太人對於英國的保守態度感到失望，所以轉向美國尋求支援。猶太人在美國進行遊說活動，以支援猶太人的建國運動。

因此，對英國來說無法解決的巴勒斯坦棘手問題，在第二次世界大戰後，便把這問題全丟給了聯合國與美國來處理。經由聯合國與美國的協助，一九四八年，猶太人才終於建立了自己的國家「以色列」。美國有大量的資金都握在猶太人手上，也不得不支持猶太人。

目前全世界猶太人的總人口約為一千五百萬人左右，住在以色列的有六百萬人。

## ◇巴勒斯坦衝突的未來動向

以色列建國後，以色列人強制將巴勒斯坦人（阿拉伯人）往東西兩端驅逐，分別是以色列東邊的約旦河河岸與西邊的加薩地區。這舉動也正式引發猶太人與巴勒斯坦人之間的紛爭，一直延續至今。

巴勒斯坦衝突，也把周邊各國如埃及、約旦等國一併牽扯進來，再加上美國對以色列的支援，使得局面更加複雜。這中間曾經停戰、締結和平協定，兩國之間也曾尋求過共存之道，但每次激進派的勢力總會再度抬頭，使得雙方再次陷入衝突。而且在巴勒斯坦與以色列兩國的內部，主張戰爭的激進派也與主張和平的穩健派相互對立，國內的紛爭也不少。

有時候是激進派的勢力較強，有時候則是穩健派占上風，雙方勢力此起彼落，雖然互相殘殺也有個限度，但對於親兄弟被殺死了的宿敵，不是可以那麼簡單就能和解的。

現在在東側巴勒斯坦的區域（約旦河河岸），是由穩健派的法塔赫（Fatah，即巴勒斯

圖14-4　加薩地區與約旦河岸地區

坦民族解放運動）來控制，因此並不會與以色列有直接的衝突。相對地，西側的加薩地區，自二〇一四年之後，激進派的哈瑪斯（Hamas，即巴勒斯坦伊斯蘭抵抗組織）與以色列的衝突卻愈發激烈。

同年，以色列軍進攻加薩地區，以空襲行動殘殺巴勒斯坦人，因而遭到歐美的撻伐。在德國、法國與荷蘭皆有以年輕人為中心的反以色列示威遊行，少部分還引發激烈衝突。由此可見，在歐洲反猶太主義的思想依然根深蒂固。

以色列對於加薩地區採取經濟封鎖手段，哈瑪斯則持續抗戰，然而飽受經濟封鎖所苦的加薩居民日益不滿，使哈瑪斯不得不改變強硬手段。哈瑪斯表明將把加薩的行政權限，歸還巴勒斯坦暫定自治政府，這行動與東邊約旦河河岸區的穩健派政策方向一致。不過，二〇一七年十二月，美國總統川普卻正式承認耶路撒冷是「以色列的首都」。對此巴勒斯坦表達強烈不滿，反而又增加兩國之間情勢轉壞的風險。

# 第五部

# 多元融合的東南亞各民族

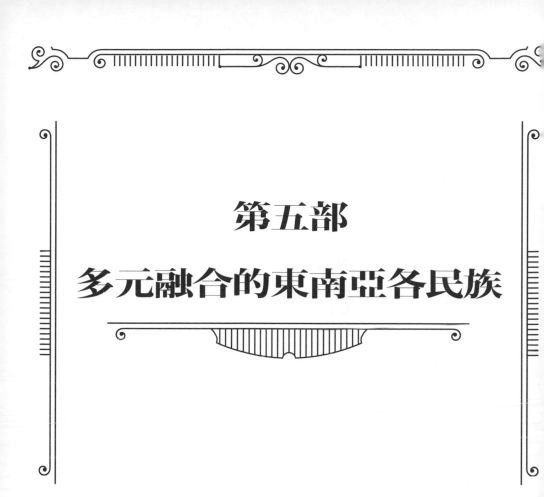

Chapter 15

# 民族的交叉點——東南亞I

## ◇外國人所不知道的貧民窟實態

一位國民平均一天收入只有三美元生活的國家被稱為「貧窮國家」。世界中一共有四十八個貧窮國家（二〇一七年當時），幾乎占了全世界的四分之一。「貧窮國家」的正式名稱為「未開發國家」（Least developed country，縮寫為ＬＤＣ），當中包含三個東南亞國家，分別為緬甸、柬埔寨與寮國。

我在二〇一三年曾前往緬甸。緬甸自二〇一一年開放自由化市場，吸引日本等許多外資進駐投資，社會整體生氣勃勃。經濟首都仰光的近郊工廠林立，也看得到很多日本企業的招牌。

仰光人民的生活雖然和東南亞其他國家相比算是貧窮，但也不是到處都是流浪漢，並沒有所謂「貧窮國家」極度貧窮的可憐印象。

圖15-1　開發中國家與未開發國家

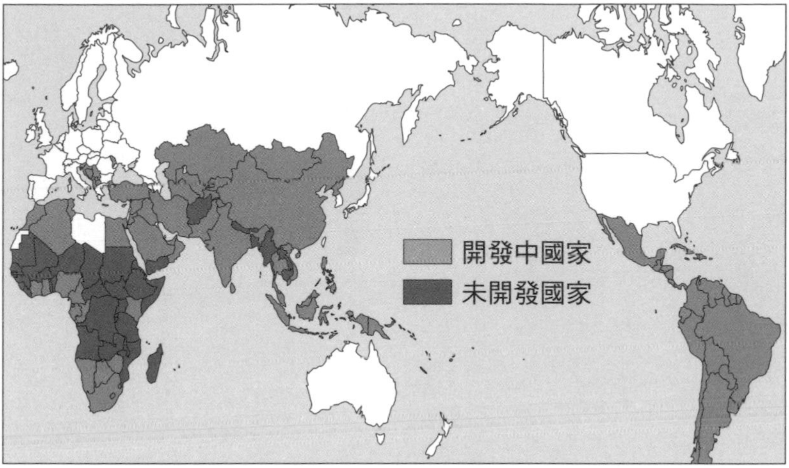


但是，若走到外國人不太會經過的仰光郊區或鄉鎮城市的貧民窟，將可看見一大片有別於都市的景象。你可能會想「這真的是人住的地方嗎？」破舊的小屋櫛比鱗次；沒有下水道，所以空氣中飄散著惡臭；沒有垃圾處理場，到處都看得見垃圾。人們沒有工作，整天都無所事事，勉強過活。貧民窟的道路兩旁到處都有躺在地上的人，根本不知道這些躺著的人是生是死。由於醫院也不是非常常見，如果生病了，也可能會因此失去性命。

這樣的情景就是「未開發國家」的實際狀態。在鄉下地方擁有土地的人們雖然貧窮，卻可以過著有如牧歌般所描述的田園生活，然而如果不屬於這類人的話，就只能住在都市近郊的貧民窟裡了。

柬埔寨與寮國也是一樣。雖然都市與觀光景點都建設完備，但只要離開這些地區一步，便可以發現都市的外圍是被貧民窟所包圍著的。無論是柬埔寨的首都金邊，或是仰光的近郊皆可以目睹這種悲慘的貧民窟情景。

看見他們這種生活，不禁覺得我們的生活實在是非常富足。對於我們日本人來說，現在自認是理所當然的生活水準，並非全世界都是如此。我們與他們生活水準的差距實在令人難以想像，親眼目睹「未開發國家」的貧民窟悲慘情景，絕對會讓日本人啞口無言。

## ◇什麼是「中南半島人」？

東南亞人是屬於蒙古人種。如同圖15-2所示，蒙古人種可以大致區分成四大語系。當中有三個語系是跟東南亞人有關，分別是漢藏語系、南亞語系與南島語系。

為了了解東南亞複雜的民族結構，把中南半島和印尼島嶼分開來談的話，可能比較容易了解，首先我們就先來談半島區。

中南半島「印度支那」是因為該半島位在印度和中國的中間，因而得名。而印尼的英文Indonesia中「nesia」是指「諸島」的意思之接尾詞。歐洲人會取這個名字是由於「這些面向印度的島嶼」。

在中南半島的半島區有漢藏語系和南亞語系兩個民族。漢藏語系民族大多都在緬甸，其

**圖15-2　歐亞語系的主要語族（蒙古人種）**

| | |
|---|---|
| 阿爾泰語系民族 | 蒙古人、滿州人和土耳其人 |
| 漢藏語系民族 | 中國人、西藏人、緬甸人 |
| 南島語系民族 | 臺灣、東南亞島嶼群 |
| 南亞語系民族 | 東南亞的中南半島 |

（是否包含泰語民族說法不一）

與東南亞相關的語系：漢藏語系民族、南島語系民族、南亞語系民族

他國家則是南亞語系民族居多。

漢藏語系跟中國有關聯，緬族人是中國人與西藏人的混血。漢藏語系民族是屬於外來的語族，而南亞語系民族則是本來住在半島區的原住民。高棉人（柬埔寨人）是南亞語族中最主要的民族。高棉人於十二世紀時在中南半島的中心，建造了吳哥窟，以示該民族強大的勢力。

外來的漢藏語族與本來的南亞語族的分布圖，如次頁圖15-3所示，但這只是大致的基礎，實際上並無法像圖中一樣，可以黑白分明地畫分出真實情況。在柬埔寨只有半島區的高棉人幾乎保留了純血，其他像是在越南或泰國，有很多中國人與印尼人移居進來，當地人已經失去了南亞語系民族的純粹血統，而與這些外來民族混血。

在越南北部，許多中國人移居到這裡。在長年的洗禮下，而成為漢字文化圈。在越南南部，則是由印尼人中的占族人（Chams）移居，帶來了印尼文化。在泰國也有許多中國人湧入而與當地的高棉人混血。

由此可知，柬埔寨的高棉人才是保有原本血統的南亞語系民族（中南半島人），在半島上其他國家的人全都與外來民族的血統混合。

## ◇十二世紀的高棉王國正處於全盛時期

高棉人（柬埔寨人）在東南亞民族中是最勤奮的民族。從吳哥窟那群細緻的建築物中，即可略知一二。吳哥窟的遺跡與泰國的阿瑜陀耶（Ayutthya）遺跡相比，建築的堅固度、裝飾的精細度等都更加優越。阿瑜陀耶遺跡是用磚塊建造的粗糙建築，吳哥窟遺跡則是石塊一塊塊削出形狀，並把石磚堆積成圓弧狀，展現出最高技術。

在中南半島上最初的統一王國是湄公河下方流域的「扶南」。扶南是高棉人的國家，以柬埔寨為中心，其領土擴張到馬來半島的一部分，而成

圖15-3　中南半島的兩大語族

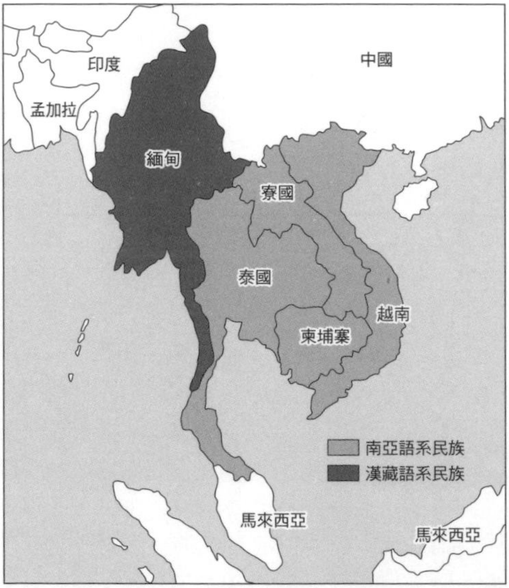

為印度與中國海上貿易的中繼站，從一世紀左右開始勢力開始壯大。

在湄公河的中下游流域，同樣由高棉人建立了「真臘」。六世紀，真臘從扶南獨立，便在七世紀滅除了扶南。真臘在六世紀由扶南獨立出來，而後在七世紀滅了扶南。八世紀真臘分裂成北邊的陸真臘與南邊的水真臘。然而在九世紀初，闍耶跋摩二世再次統一真臘，成立高棉帝國（吳哥王朝）。

在十二世紀前半，蘇利耶跋摩二世攻打東邊越南南部的占婆與西邊的緬甸，擴張吳哥王朝的版圖。在他的時代，中南半島一大半幾乎都屬於高棉帝國的領土，可以說是高棉帝國的全盛時代。

蘇利耶跋摩二世因為獲得偌大的財富，便建造吳哥窟（都市的寺廟之意）。國王把攻打占婆的首都毘闍耶（Vijaya）時，與占族人戰爭一事也刻在吳哥窟上。所以今日在吳哥窟的壁畫中，也可以發現這幅畫。

## ◇首都吳哥城的繁榮與滅亡

吳哥窟在十九世紀後半，被法國博物學者亨利・穆奧（Henri Mouhot）發現（但這畢竟是法國方面的說法）之前，是被掩埋在叢林深處之中。當法國「發現者」在叢林中發現吳哥窟這個龐大遺跡時，不禁心想「這是什麼啊！」而大吃一驚。

在建設吳哥窟這個大型企畫中，當局在三十五年之間召集了約一萬人來建造。為了要提供這些建造者及其家眷充足的糧食，便開發了大水田。吳哥窟遺跡群的周邊，有一些蓄水池與水道，殘留了當時高度水利技術的痕跡。豐富的糧食生產帶來了都市人口的成長，因此在全盛期，王都吳哥曾居住了四十萬人。

高棉人是以氏族、血緣為中心而形成社會，但他們要統合成一個王國仍得要靠宗教的力量。起源自印度的印度教普及於整個東南亞，每個人都非常熱衷信仰。印度神的信仰對於住在密林之中，本來就有深厚自然信仰的人而言，是相當可以接受的。國王為了要在現世展現神祇們的榮光，並證明其偉大之處，因此建造了巨大的寺院吳哥窟。

高棉人是信奉印度教，因此吳哥窟原本是印度教的寺院，而在闍耶跋摩七世的時代則成為佛寺。闍耶跋摩七世在十二世紀至十三世紀初，以吳哥窟為中心建造了王都吳哥城（Angkor Thom，意思是偉大的都城）。吳哥位在中南半島的正中央，東有越南，西有泰國與緬甸，南有南海，北有寮國、中國是個交通要塞。

強大一時的高棉帝國，卻在十三世紀時，因元朝的蒙古人入侵而衰落，之後便於十五世紀被泰人（阿瑜陀耶王朝）所滅亡。

## ◇越南人擁有強烈的獨立意識

越南的原住民原本是南亞語系民族，與高棉人（柬埔寨人）同屬一系。不過，面海的越南容易受到外來民族的侵擾，因而無法保留原住民的純正血統。

二世紀末，占婆以越南南部為中心而建國。占婆是南島語系民族，屬於印尼人的一派，由占族人建國。占婆在十五世紀後半為止，持續了一千年。中國史書上曾將占婆稱作「林邑」、「環王」與「占城」。在唐朝中期為止稱為「林邑」，之後有一段時間是稱為「環王」，而在唐朝末期則為占城。

越南北部有許多中國人移居到這裡，而引進了中國文化。北部因為自秦始皇的時代以來，便一直受中國王朝的支配，所以屬於漢字文化圈，導入了儒教與科舉制度。直至今日，人們還是有種北越與南越人的面貌不太相同的感覺。在河內市等北越城市，很多人長得很像中國人，而胡志民市（西貢）等南越城市則是東南亞人的樣貌較多。

十世紀唐朝滅亡後，北越的獨立運動愈加強大，最初建立了李朝，之後北越人王朝便輪流交替。越南王朝擊退中國人的入侵而維持獨立的局面。這一點就跟隸屬與中國的朝鮮王朝有極大的不同。

在地緣政治上，北越的位置處在中國要侵入中南半島的入口要衝。越南王朝處在要衝地位，以茂密的森林為舞臺，展開游擊戰是十分得心應手，因而能擊退中國。由於有越南王朝的阻擋，使得整個中南半島並不像朝鮮半島一樣，從屬於中國的統治之下。可以說越南王朝的功績真是非常偉大。

北越最初的統一王朝是李朝，擊退了中國宋朝後，國勢壯大。然而在十三世紀衰微，於一二二五年被陳朝取代。

陳朝最廣為人知的是，與王室同族的武將陳興道曾三度擊退元朝忽必烈軍隊的入侵。所以直到今天，陳興道仍是越南民族的驕傲。

越南人擊退元朝軍隊後，民族主義高漲，以漢字為基礎而創造越南文字「字喃」。

一四〇〇年，陳朝被權臣奪取政權而滅亡。之後的政權被明朝的永樂帝征服，因此有一段時間北越是被中國統治。永樂帝採取強勢的漢化政策，也在鹽的項目上對人民課以重稅，使得越南各地叛亂四起。

陳朝的武將黎利帶領反對明朝統治而聲勢大漲。黎利最初是從對明朝實行游擊戰的十八人中開始展開反叛活動，爾後漸漸地參與者愈來愈多，擴大至二十萬人。黎利在永樂帝去世後，把明軍從越南驅逐出去，於一四二八年在河內即位，建立了「黎朝大越」。即位後的黎利獎勵人民學習儒學（朱子學），也努力與明朝修補關係。

## ◇為什麼越南的國土是南北狹長？

在黎利去世後，黎朝國勢仍持續擴大，一四七一年黎朝征服了南越的占婆，而使得南北越統一。因此中國系的北方人與印尼系的南方人進行混血，便誕生了全新的越南人。同時因為民族的統一，國家領土之範圍也因此大致底定，呈現今日越南的樣貌。

越南的領土是南北狹長的形狀。一般來說，國家的領土範圍是呈現圓塊狀，為什麼越南的領土會是狹長的形狀呢？

原本越南是以河內為中心，只有平原存在。該範圍是歸屬在北越統一王朝的統治下。假設要侵入隔壁的寮國，必須得先跨越茂密森林的山岳地帶，因此往西擴張國土是相當困難的。

另一方面，在沿海平原地區活動很容易，沿岸地區便可以連成一線。湄公河下游的平原有占族人，跟北越的越南王朝是不同的民族與文化，所以本來南部的占婆區域與越南就是各自獨立、互有特色的兩個區域。

圖15-4　黎朝的領土

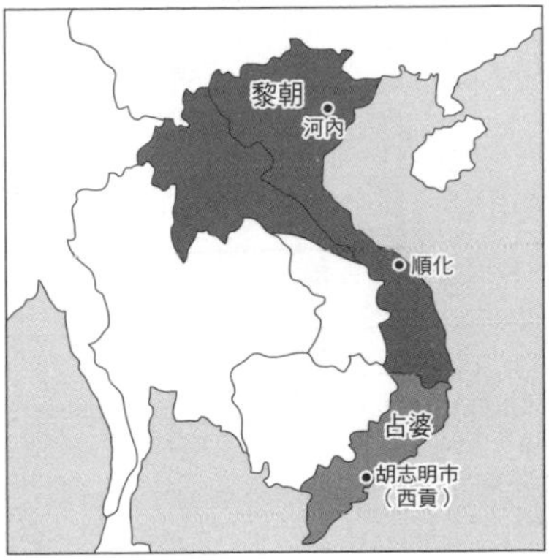


黎朝在十五世紀合併了占婆，這時是占婆首次

成為越南的一部分，北越河內平原區與湄公河下游的平原彼此相連，使得領土綿延成為狹長的形狀。

黎朝歷經盛世，國力強大，卻在十六世紀以後，由於內亂的緣故，國力開始漸漸式微，直至十八世紀末滅亡。

一八〇二年，原為黎朝重臣一族的阮氏家族中，出了一名阮福暎，建立了阮朝，並設置首都於越南中部的順化。阮朝由於政權基礎薄弱，所以承認中國為宗主國，以獲得其保護，因而在阮朝時代，越南人失去了自外於中國的獨立地位。

十九世紀後半，越南成為法國的殖民地。

# Chapter 16

# 民族的交叉點——東南亞II

## ◇何謂「泰國人」？

泰國位於中南半島正中央的位置，其領土為廣大且肥沃的平原，物產豐盛，是亞洲最富饒的土地。泰國自古以來被高棉人（柬埔寨人）所統治。在泰國原本沒有泰國人（泰族人）存在，直到八世紀時，中國人從中國南部的四川、雲南往南移，逐漸與高棉人混血，之後才形成所謂的「泰國人」。

十三世紀，蒙古人入侵雲南，雲南的中國人大量南下到泰國，而成為一股強大的勢力。換句話說，泰國人融合了許多中國人的血統。

泰國有另一個別名為「暹羅」。泰國是自稱；暹羅則是他稱。暹羅在高棉語中的意思是「淺黑色」，帶有汙衊的意味（其實兩者相比，膚色較黑的應該是高棉人才對）。

泰國人由於避開暹羅這個稱呼，而自稱自己是泰國。「泰」（thai）這個字是從中文的

「大」（dai）的音轉化而來。「大」這個字有「了不起」的含義，也延伸為「非奴隸的自由人」之意。一九三九年，當時的首相鑾披汶將國名定為「泰國」（Thailand），當時的「泰」字，是被解釋為「自由人們的國度」的意思。

泰國人在一二五七年，在泰國北部建立了最初的統一王朝「素可泰王朝」。素可泰王朝的第三代國王拉瑪．甘亨（Ram Khamhaeng）的時代，在中國正好是蒙古人的元朝興盛時期。為了要對抗元朝，拉瑪．甘亨呼籲泰國人必須要團結。另外，也拉攏被蒙古人驅逐至泰國的雲南系中國人，而壯大素可泰王朝的勢力。

然而當時的泰國人，並沒有像東邊的高棉人（吳哥王朝）與西邊的緬族人（蒲甘王朝）一樣，國勢強大，所以元朝反而是先攻擊較為強盛的高棉帝國與蒲甘王朝，泰國的素可泰王朝因而免除被入侵的危機。

高棉帝國與蒲甘王朝由於被蒙古襲擊，國力逐漸衰落，反倒是素可泰王朝的勢力漸漸提升，之後便急速抬頭。

拉瑪．甘亨為了要提高泰國人的民族意識，把高棉文字改成了泰國文字，從此確立了使用泰語與泰國文字的泰國人這一民族範疇。

## ◇民族融合實現了「印度支那聯邦」

拉瑪鐵菩提（Ramathibodi）[1]是素可泰王朝南部相當有勢力的諸侯，在一三五〇年，素可泰王朝國勢式微之際，掀起政變，創建了阿瑜陀耶王朝。泰國的阿瑜陀耶王朝取代了十三世紀遭受蒙古攻擊的柬埔寨和緬甸，而成為最強大的國家，其統治範圍甚至延伸到馬來半島，觸角更伸進麻六甲海峽，發展活絡的南海與印度洋的貿易。

阿瑜陀耶王朝於一四三一年，消滅了柬埔寨的吳哥王朝，並入侵緬甸，掌握了整個中南半島的霸權，在全盛時期，島上各個民族交流、遷徙相當活躍，因而產生更多的混血後代。這可以稱為是以「泰國」為中心的龐大交流所形成的「印度支那聯邦」，並產生一種融合的活力。現今的緬族人、泰國人與柬埔寨人的容貌相近，就是起源自這個時代。

此外，十六世紀阿瑜陀耶王朝，因為與葡萄牙發展貿易的緣故，趁著大航海時代的潮流，也聚積了不少財富。

一五六九年，阿瑜陀耶王朝被緬甸的東固王朝（Taungoo）入侵，於是受其統治了十五年。到了十六世紀末，阿瑜陀耶王朝恢復勢力，反而回頭攻打緬甸。該王朝的首都阿瑜陀耶

1 譯注：或稱「烏通王」（U-thong）。

圖16-1　中世紀緬甸民族的分布圖

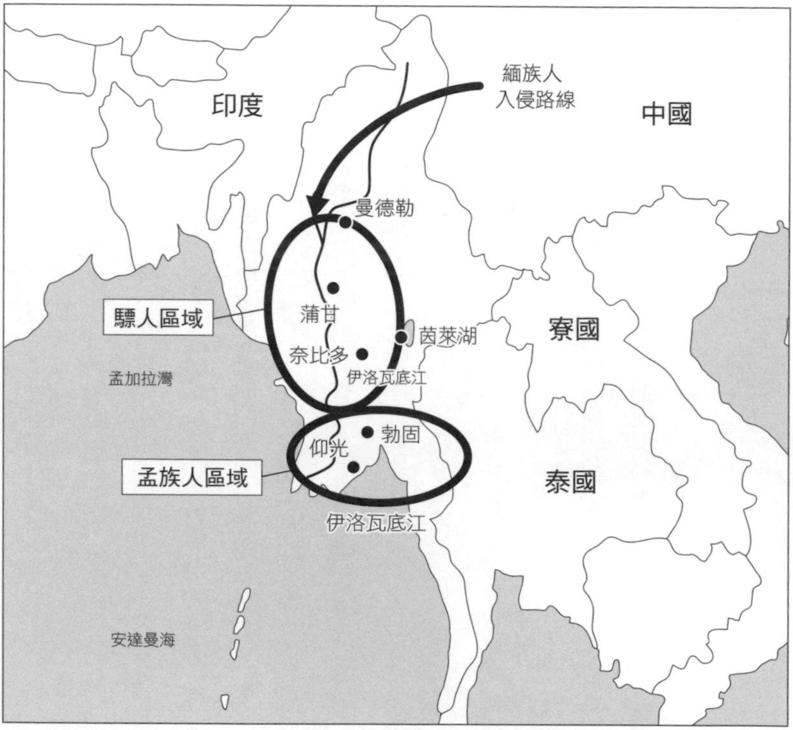


（大城）作為東南亞的國際貿易中心，商業活動頻繁，還有日本商人建立了日本町，山田長政也移居到此地。

十八世紀，由於深感列強侵略的危機，王朝實行閉關政策，中斷與外交流而使得國力逐漸式微。一七六七年，阿瑜陀耶王朝被緬甸的貢榜（Konbaung）王朝消滅。

在阿瑜陀耶王朝滅亡後的一七八二年，阿瑜陀耶王朝的武將札克里（Chakri）統合泰國人的勢力，建立了扎克里王朝（曼谷王朝），並延續至今。

寮國位於深山與叢林密集的地區，那裡居住了泰國人的分支寮國人。寮國人在十四世紀建立了瀾滄王朝（Lan Xang），佛教文化相當盛行。但在十八世紀後半葉，因王位繼承問題而造成分裂。

## ◇緬甸原住民驃人與孟族人

關於緬甸的稱呼，從古代開始書寫文字是用「Myanmar」，口語文字則是「Burma」。在國際上則是採以英文化的「Burma」較為常見，日本也是如此稱呼。緬甸的軍事政權在一九八九年宣布國名統一為「Myanmar」，之後使用這一名稱。

伊洛瓦底江流經緬甸，原住民的驃人居住在河川的中游；孟族人則居住在河川的下游。驃人與孟族人和吳哥人一樣是屬於南亞語系民族。

西藏系與中國系的混血兒在八至九世紀左右南下至緬甸，擴張自己的勢力範圍。這個混血種就是緬族人，然而，他們其實並不是原本就在緬甸居往的民族，而是外來民族。十一世紀時，緬族人阿奴律陀（Anawrahta）親自率軍征服了驃人與孟族人，建立了統一國家的蒲甘王朝（Bagan）。

阿奴律陀保護了驃人與孟族人所信仰的佛教，改良了孟族文字，而成為緬甸語。另外，他們也吸收了驃人先進的建築與農業技術。

緬甸在中世紀之後，占人口大多數的外來緬族人統治了原住民的驃人與孟族人。原住民擁有高度的文明，緬族人在文字與文化面上相當依賴他們。

驃人已經跟緬族人同化，孟族人雖然接受了緬族人的統治，但仍保有族群的獨立性，而與緬族人對抗。

## ◇蒲甘是民族融合的產物

蒲甘王朝在首都蒲甘遺留了壯大又華麗的佛教遺跡。蒲甘的意思源自於「驃人的聚落」（Pukam）。雖然一般來說，蒲甘會以「Bagan」表示，但若要更符合原意的「Pukam」的話，稱作「Pugan」會比較理想。

蒲甘遺跡與柬埔寨的吳哥窟遺跡、印尼的婆羅浮屠遺跡，同是世界三大佛教遺跡之一，其面積廣大約有四十平方公里，大概有超過三千座的佛塔與寺院的遺跡分散在該區域中。雖然有如此龐大的遺跡，但因為佛塔的修復方法有些問題，所以並不被列入世界遺產內。

蒲甘有著「驃人聚落」的意思，而蒲甘遺跡群就是依靠著緬甸原住民驃人先進的建築技術，才如此壯觀。蒲甘所擁有的獨特建築與世界觀，也展現了驃人的世界觀。

四世紀起，驃人在伊洛瓦底江的中游一帶形成許多城郭都市。因為與印度有貿易往來而繁榮，在中國史書上被記作「驃」。

雖然驃人擁有強大的勢力，卻被中國南部的南詔國攻陷而滅亡。南詔國是西藏人建立的國家，與中國唐朝結盟，因為開發四川與雲南的貿易路線而蓬勃發展。

從這個南詔國而誕生了緬族人，所以緬族人曾被認為是西藏人與中國人混血就是這個原因。之後，緬族人在十一世紀，由阿奴律陀率領，統治了緬甸全區，建立了蒲甘王朝。

緬族人在孟語的碑文上是寫「Mirma」，意思是「強大」，緬甸就是從這個詞而來。

緬族人以原住民驃人先進的建築技術為基礎，推行大規模的公共事業，積極雇用驃人，實行懷柔政策。驃人依賴緬族人強大的政治治理能力，並從旁協助緬族人。就這樣，共同建立起壯麗的蒲甘佛寺與佛塔。從建設當中，驃人獲得生活糧食的同時，也滿足了他們的信仰心。緬族人透過建立浩大的建築物展現強大的勢力，也獲得地區的安定，並保護了佛教。

從這點來看，蒲甘遺跡可說是緬族人與原住民驃人融合的產物。

## ◇「羅興亞族」問題的起因是什麼？

蒲甘王朝持續了大約兩百五十年，一二八七年被元朝的忽必烈滅亡。

之後，緬甸就被泰國的阿瑜陀耶王朝統治，但在十六世紀前半葉恢復實力，成立了東固王朝。王朝的首都位在緬甸南部的勃固（Bago）且繁榮一時。一七五二年，孟族人叛亂，東

圖16-3　中南半島的三大勢力

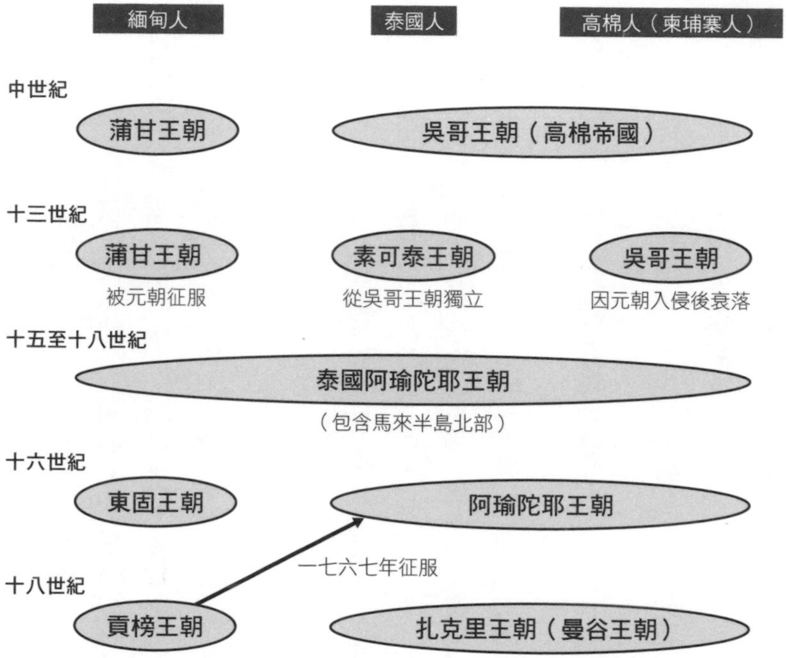


固王朝滅亡。驃人於很早的時期已經跟緬族人同化，但孟族人卻與緬族人對抗，維持敵對的狀態。

緬族人在武將雍笈牙的帶領下，在一年內擊敗了孟族人、奪回了政權，並成為一國之君，建立了貢榜王朝。貢榜王朝的國力逐漸增強，在一七六七年雍笈牙之子統治時期，消滅了有四百多年歷史的泰國阿瑜陀耶王朝。

這段期間，英國正式統治印度，由於英國資金的流入，使得印度經濟變得活絡。鄰國的緬甸因為也受到這股景氣的推動，貢榜王朝急遽強大，不過緬甸卻在十九世紀時成為了英國的殖民地。

話說回來，現今羅興亞的難民問題，其實其源頭跟十八世紀時貢榜王朝有些關連。

緬甸西部的若開邦，有信奉伊斯蘭教、屬於印度裔的羅興亞人。但在十八世紀後半葉，貢榜王朝合併了若開邦，使得該區域內的羅興亞人擔心會遭受欺壓，紛紛逃往孟加拉。

**圖16-4　若開邦**

然而在十九世紀，貢榜王朝被英國入侵而滅國之後，原本逃到孟加拉的羅興亞人便回到原本的家鄉，也就是緬甸的若開邦。從那時候起，若開邦的人與羅興亞人開始發生衝突，形成對立態勢。這對立狀態因帶有宗教意味而更加猛烈，最終演變為伊斯蘭教與佛教間的宗教戰爭，一直延續至今。

緬甸政府認為羅興亞人是屬於孟加拉來的移民，不予承認為緬甸國民。二〇一七年夏天，羅興亞人的武裝集團攻擊了警察機關，於是緬甸軍也開始反擊。遭到緬甸軍迫害的羅興亞人，大約有四十萬人陸續逃往孟加拉避難，讓事情更陷入泥淖。

## ◇印尼婆羅浮屠遺跡建造時的財源

南島語系民族廣泛分布於以印尼為中心的島嶼群中。印尼、馬來西亞、汶萊與菲律賓南部都屬於南島語系民族。

南島語系民族比起位於半島的南亞語系民族，由於位置比較接近赤道，所以膚色略黑，體態與骨骼也比較強壯。臉型屬於有菱有角的類型，輪廓特徵也比較深邃，容貌呈現出在熱帶叢林裡生存的勇猛感。

南島語系民族在歷史上留下一大貢獻，就是印尼婆羅浮屠（Borobudur）的寺院建築了。婆羅浮屠遺跡是世界最大的佛教寺院，位於爪哇島中部的金字塔型石造建築，被登錄在世界遺產當中。

婆羅浮屠遺跡是夏連特拉（Shailendra）王朝[2]建造的。該王朝滅亡後，遺跡就被火山灰及茂密的森林所掩埋，而被人們遺忘好一大段時間，直到一八一四年，才被英國的萊佛士（T. S. Raffles，新加坡的開拓者）與荷蘭技師克內柳思（Hermann Cornelius）發現，而挖掘其中的一部分。

夏連特拉（Shailendra）王朝是八世紀興起於爪哇島的佛教國家。八世紀後半它開始入侵中南半島海域，攻入被稱為真臘的柬埔寨和越南南部的占婆王朝。之後便於八世紀中葉至九世紀興建婆羅浮屠寺院。

從梵文（古代印度語）來看，夏連特拉的前半部「Shaila」是山的意思；後半部「indra」則是「國王」、「統治者」的意思。

夏連特拉王朝為什麼會建造如此巨大的婆羅浮屠寺院呢？其財源又是從哪裡來的呢？有關夏連特拉王朝建國的來龍去脈目前仍未有文獻史料可以考察，所以無法得知，但目前有兩大說法，有人認為它是麻六甲海峽王國之分支，也有人推測是從爪哇島發祥的。筆者認為，前者的說法比較具有可信度。因為爪哇島並沒有累積起可以建造那麼龐大寺院的財源，假設是從麻六甲海峽上集聚財源到爪哇島上，還比較有可能。

七世紀時，在麻六甲海峽的蘇門答臘島上出現了室利佛逝國（Srivijaya）。室利佛逝國掌控了麻六甲海峽，並實行海上貿易。當時遠赴印度的中國唐僧義淨，在七世紀後半葉曾經拜訪過這個國家，並於《南海寄歸內法傳》中記錄並介紹了室利佛逝國。義淨在書中如此敘述：「在『佛逝』的城下有僧侶千餘人，十分熱衷於學習與托缽。如果唐代僧侶想要去印度求法，先在這裡待上一兩年，學習修法的儀軌之後，再赴印度會比較好。」

2 譯注：八至九世紀左右信奉密教（佛教其中一支）的王朝。

## ◇南島語系民族的海上帝國

室利佛逝國是融合印尼人與馬來西亞人（馬來人）的國家。在梵語中，室利是「光芒閃耀」、佛逝則是「勝利」的意思。室利佛逝國與中國的唐朝同時間興起，統治了麻六甲海峽，作為中國與印度的海上貿易中繼站而蓬勃發展。

一般認為，建設婆羅浮屠寺院的夏連特拉王朝，就是室利佛逝國的分支，因為兩國間有締結非常深厚的婚姻與血緣關係。更可以說，事實可能是，這兩方作為麻六甲海峽的統治勢力，其實本來就是一體。

這個時期絲路陸上貿易盛行，同時間商人也頻繁使用經由麻六甲海峽的海上道路，統治該地區的麻六甲勢力於是變得更加強大。由於從海上貿易中所獲取的財富非常可觀，可想而知，那些錢被用來當作資金，建設了婆羅浮屠寺院。而這也吻合了佛教從室利佛逝國傳到爪哇的實情。

當時，爪哇島上的統治國家信奉印度教。麻六甲勢力驅逐當地的本土勢力後，建立了夏連特拉王朝，取而代之成為爪哇島的統治者。麻六甲當權者信奉佛教，便換下印度教，讓佛教成為新宗教，在爪哇島上發揚光大，也間接正當化自己的統治，於是便建造了壯麗的婆羅浮屠寺院。

圖16-5　七至九世紀的東南亞

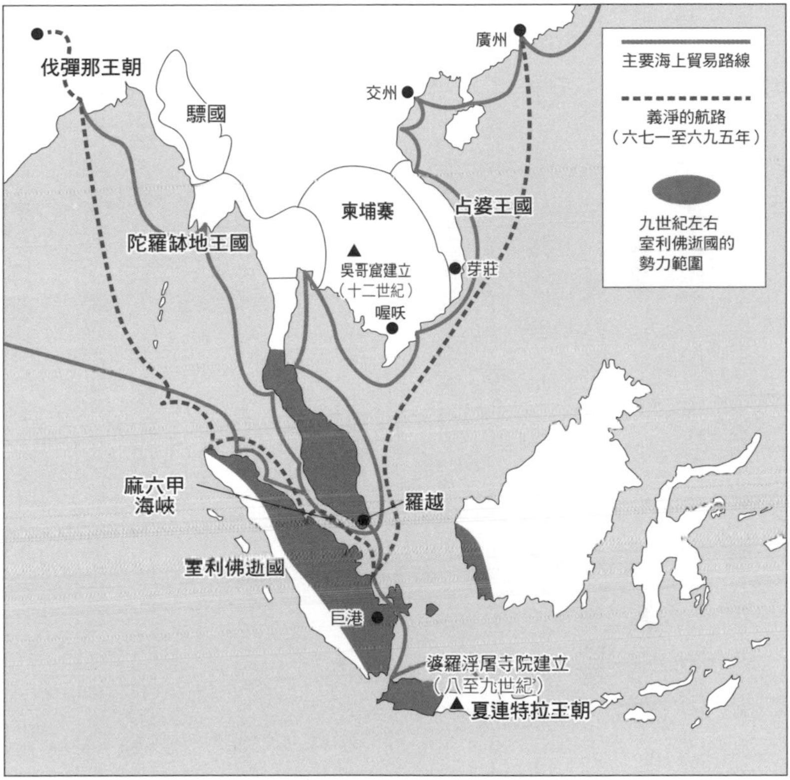


麻六甲勢力從海上貿易中獲取財富，南島語系民族因而出現在世界舞臺上，事實上，他們可說是「海上民族」。無論是夏連特拉王朝，還是室利佛逝國，兩者皆是南島語系民族的海上國家，另外再加上中國和印度這兩大經濟圈，便形成了亞洲第三大經濟圈了。

## ◇南島語系民族的伊斯蘭化

夏連特拉王朝在建設完婆羅浮屠寺院之後，馬上就於九世紀時式微，而被蘇門答臘島的室利佛逝國吸收。麻六甲勢力原本想藉由建設婆羅浮屠寺院來加強統治爪哇島，最後卻沒能成功。

在夏連特拉王朝滅亡後，爪哇島上各地屬於印度教勢力的小國紛紛興起，本地爪哇人再此取得政權。

為什麼原本掌握強大力量的麻六甲勢力會迅速地衰落呢？其實跟中國唐朝的衰退有很深的關係。八七五年，唐朝發生了黃巢之亂，全國陷入混亂之中，導致海上貿易的數量遞減，麻六甲勢力接連受到影響，獲利銳減。

雖然夏連特拉王朝滅亡了，但室利佛逝國仍依舊存在。然而在十三世紀，穆斯林商人入侵麻六甲海峽，室利佛逝國失去了獨占海上貿易的權力，便在十四世紀滅亡。

後來，麻六甲勢力接受伊斯蘭化後持續發展，他們承繼了室利佛逝國的統治區域，於十四世紀末，建立了伊斯蘭教國家馬六甲蘇丹王朝（Malacca Sultanate）。馬六甲蘇丹王朝是東南亞第一個伊斯蘭教國家，而且擁有麻六甲海峽，作為東南亞貿易中心而繁榮。馬六甲蘇丹王朝曾向中國明朝朝貢，為了防止泰國的阿瑜陀耶王朝南下入侵。蘇丹也以伊斯蘭教為基礎，連結印度、中東與非洲東海岸，掌握亞洲海上貿易的權力，而逐漸發展為強大的國家。

由於馬六甲蘇丹王朝的影響，伊斯蘭教信仰也廣泛流布至菲律賓南部的民答那峨島與爪哇島。在爪哇島上伊斯蘭的海港都市成立後，更讓伊斯蘭教往內陸地區傳播，並在十六世紀形成建立伊斯蘭教國馬打蘭蘇丹國（Sultanate of Mataram）的基礎。

就這樣，以麻六甲為中心的印尼、馬來西亞、汶萊、菲律賓等南部南島語系民族便慢慢同化，形成了今日我們所見的伊斯蘭世界。

馬六甲蘇丹王朝在十五世紀後半葉進入全盛期，其統治範圍遍及馬來半島南部全區與蘇門答臘島東部，但在一五一一年葡萄牙人占領了麻六甲區域，蘇丹王朝因此滅亡。到了十七世紀，連爪哇島也在荷蘭人的入侵下而淪為殖民地。

# 第六部

# 侵略與對立——烙印在美洲與非洲民族身上的創傷

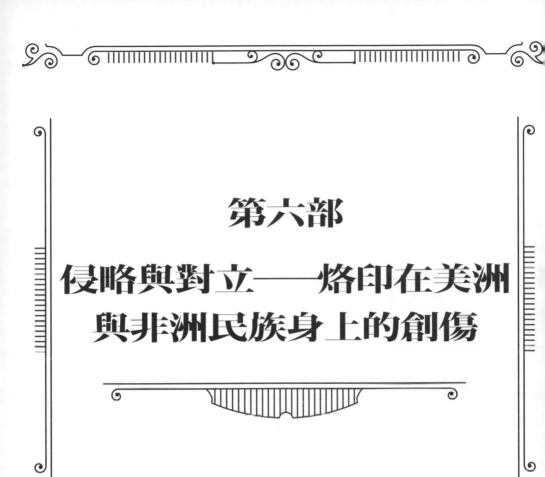

# Chapter 17 神祕的印第安人

## ◇他們真的是從亞洲來的嗎？

美洲大陸的原住民印地安人是屬於蒙古人種，在白令海峽是陸地，且仍與亞洲相連的時期，便從亞洲遷移到美洲。在美洲大陸並沒有出現類人猿的蹤跡，也不曾發現顯示人類存在的化石與骨骸。因此，人們推斷美洲大陸上的人類應該是從其他大陸移動過來的。

目前已經確定，距今約三萬至兩萬年前的冰河時期，海平面下移，當時白令海峽是一片陸地，因此當時人們是從歐亞大陸以步行的方式，徒步走到美洲大陸去。

我們不禁懷疑在冰河時期，在白令海峽（當時是地峽）上徒步活動是否真有其事？還有美洲大陸真的本來就沒有人類存在嗎？還是說只是至今尚未發現人類的蹤跡而已呢？

比方說，在亞馬遜茂密森林的深處，還存在一些部落直到近年都不曾接觸過文明、甚至有些部落如今也尚未接觸文明。他們是不是原本居住在亞馬遜的原住民呢？如果是的話，那麼能不能把印地安人看成是從亞馬遜地帶延生出來的民族呢？如今尚有許多事情需要調查與驗證。

不過，在學說上的定論是，印地安人的祖先是從亞洲越過白令海峽到美洲；在遺傳學上，學界已經證實印地安人擁有相當明確的蒙古人種特徵。印地安人的祖先是蒙古人種，這事實也增加了從亞洲越過白令海峽之學說的可信度。

此外，阿斯基摩人也屬於蒙古人種，他們現在仍然居住在阿拉斯加與加拿大北部，在極寒之地，過著與環境共存的生活。他們也被認為是約三萬至兩萬年前、越過白令海峽的印地安人後裔。

「愛斯基摩」在北方印地安話的意思中是指「編（雪靴的）網」，這個詞在近代被誤傳為「食生肉的人」。愛斯基摩人在極寒之地由於無法取得蔬菜，只能靠食用海豹的生肉來補充維他命。由於「愛斯基摩」有時會被當成歧視用語，因此正式名稱定為「因紐特」（inuit，指人民之意）。

愛斯基摩人可能足以證明，經過嚴寒的白令海峽（地峽）而來的蒙古系亞洲人確實存在，曾經生活在這世上。

## ◇敢於定居在狹小山峰的理由

印地安人被認為是從歐亞大陸而來，分布在南北美洲大陸整個區域。他們分別在兩個地域形成文明。一個是以墨西哥為中心的中部美洲，另一個是以祕魯為中心的安地斯地區。一般而言，大型文明是沿著大河邊肥沃土壤形成的廣大平原區而發展。

圖17-1　南北美洲兩大文明

不過上述的兩個地區是屬於山岳地帶，僅有零星的平原，土壤相當貧瘠，不利農耕。

為什麼印地安人從白令海峽來到美洲後，沒有在北美洲密西西比河流域的草原，也就是肥沃大平原區創造文明，而是特別選在墨西哥與祕魯等狹隘的山岳地帶呢？

一般認為，他們是以宗教上的考量為優先，而捨棄了常見的合理發展方式。他們相信在有山有湖的複雜地形中存在著自然神，因而偏好複雜的地形。比方說有個非常有名，位處高山的馬丘比丘遺跡，就是顯示出印地安人宗教意向的典型例子。

印地安人開始定居在中部美洲與安地斯區域，推斷皆為西元前一萬五千年左右。歷經漫長的狩獵、採集時代，約在西元前三千五百年左右，開始種植玉蜀黍、豆類、馬鈴薯和南瓜，而進入了農耕時代。之後也種植棉花，開始了織品手工業。

順道一提，玉蜀黍、馬鈴薯、番茄、辣椒、青椒、花生和四季豆是中南美洲原產的作物，以上全是哥倫布發現新大陸之後，從中南美洲散播到全世界去了。

## ◇「印地安人」的高度技術

農耕出現後，部族可以養活更多的人，文明接著形成，進而誕生都市。在西元前一千兩百年左右開始，在墨西哥灣岸，都市文明「奧爾梅克」（Olmec）成形，而誕生石造建築與繪畫文字。

大約在西元開始前後，墨西哥高原出現特奧蒂瓦坎（Teotihuacan）文明、猶加敦（Yucatán）半島出現馬雅文明，這兩種文明最終會發展成阿茲特克（Aztecs）文明而沿襲下去。

在馬雅文明中可以發現先進的天文學、數學、土木技術與建築學、法律，以及藝術等文化。在中世紀時期，印地安人究竟是如何學習以上如此高超的技術，至今仍無人知曉，而留

**圖17-2　阿茲特克與馬雅文明（中部美洲文明）的遺跡分布**

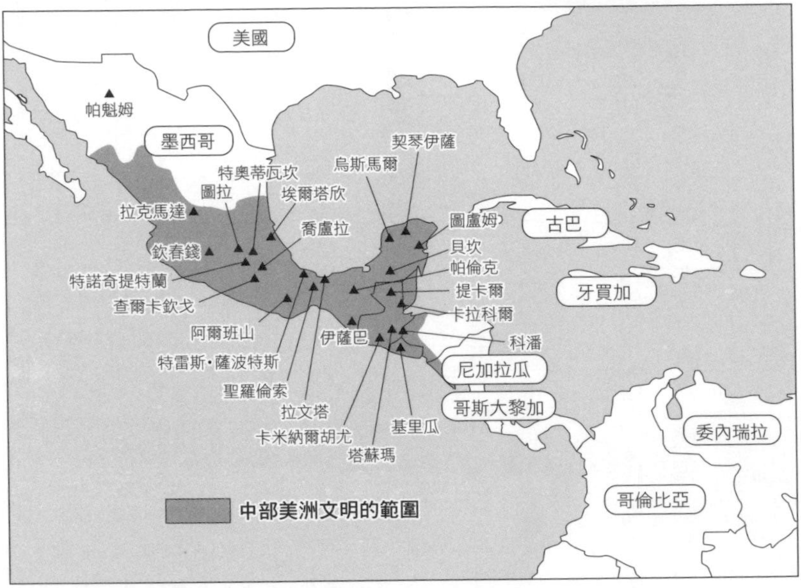


下了很多謎團。

最能代表馬雅文明的遺跡是契琴伊薩（Chichen Itza）遺跡。馬雅文明在九至十世紀時衰落，被阿茲特克文明所吸收。其衰落的原因據說可能是饑荒或是疾病。

在墨西哥高原，在北部興起的阿茲特克族（奇奇梅克人〔Chichi-meca〕），約在十二世紀中葉，在墨西哥擴大其勢力，並於十五世紀建立了阿茲特克王國，首都設在特諾奇提特蘭（Tenochtitlan）。阿茲特克族承襲了馬雅文明的神殿、金字塔、象形文字與太陽曆，卻不見鐵器與車子。一五二一年，阿茲特克文明被西班牙的科爾迪斯

（Hernán Cortés）所征服。

## ◇活人獻祭與印加帝國的滅亡

查文文化（Chavín culture）是以祕魯的安地斯山脈為中心，大約在西元前一〇〇〇年左右為全盛時期。西元前兩百年左右，出現以納斯卡線（Nazca Lines）而聞名的納斯卡文明等安地斯文明。

在中世紀，約七世紀左右，原住民在祕魯中部高原建立了瓦里（Wari）帝國，目前已證實有多個都市文明在該地散播。

一二〇〇年左右，祕魯的印加族，統一了安地斯山脈的多個部落，於十五世紀後半葉建立了印加帝國，首都設置在庫斯科。

在印加帝國，石造建設十分盛行，出現了許多用以顯示王權強盛的神殿與宮殿。印加帝國並沒有鐵器，但有青銅器，也使用金、銀來做裝飾。印加帝國中最具代表的是馬丘比丘遺跡。印加文明沒有文字，取而代之的是用一種名為奇譜（khipu）的繩結來表達數字。

印加帝國在一五三三年被西班牙的弗朗西斯科．皮薩羅（Francisco Pizarro）征服。

中部美洲文明圈與安地斯文化圈這兩者之間有個共通點是，會舉行把活人的心臟貢獻給神，也就是所謂真人獻祭的儀式。西班牙的科爾迪斯和皮薩羅等人到當地看到印地安人活

圖17-3　安地斯文明的遺跡分布

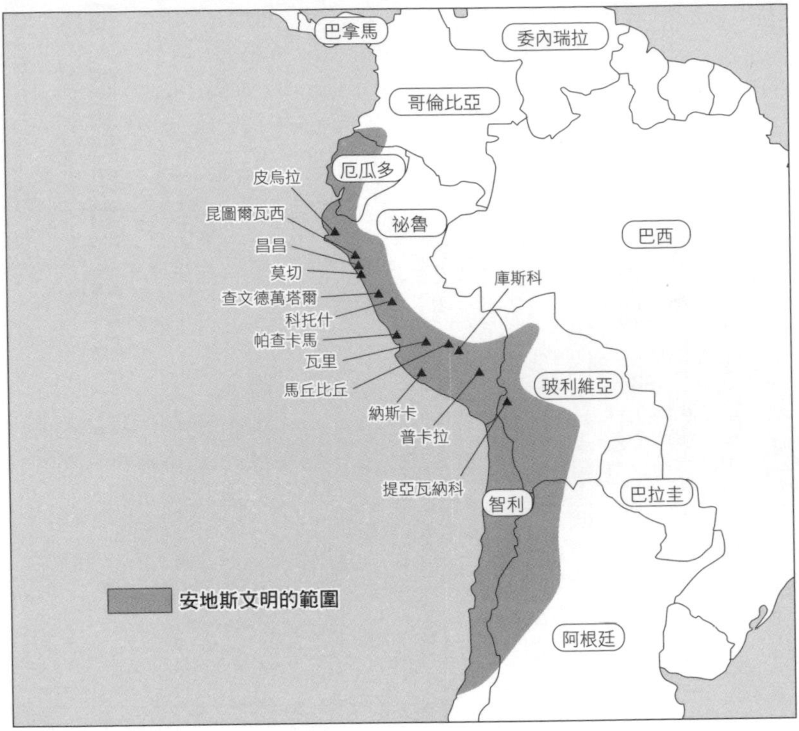


人獻祭的儀式時，產生了使命感，覺得自己一定得去解救這些受到野蠻與邪惡宗教毒害的人們，便去征服他們。

據說在阿茲特克與印加的神殿內部還散發著不祥氣氛，是那些獻祭者的心臟和血液留下的氣味。

## ◇流往馬德拉島的屍體

哥倫布在橫渡加勒比地區群島的時候，誤認為該地是印度周邊的島嶼，便稱呼美國原住民為「印地安人」，該名字延用至今。若從此名稱的來龍去脈來看，就不應再使用「印地安人」，而改以「美洲原住民」（Native American）作為正式的名稱。

哥倫布在定居葡萄牙的里斯本時，本身就是小有成就的航海士與地圖製作者。之後便與馬德拉島所有者的貴族之女結婚。馬德拉島是在大西洋上距離里斯本西南方一千公里的島嶼，為砂糖的產地。

哥倫布為了要到馬德拉島採購砂糖而航海。當時他目擊了從島西邊漂流過來的物體，都是歐洲沒有的道具與裝飾品，也聽聞有不像是歐洲或非洲人種的屍體會漂來。此時，哥倫布心想：「在大西洋的對面一定有馬可波羅寫到的『吉潘古』（Cipangu）[1]與印度，而且距離很近。」

這些漂流到馬德拉島的屍體，是不是印地安人呢？因為這些既不是黑人也不是白人，那麼便是黃種人了，所以有可能是印地安人等亞洲人種。不過，以常識來說，在美洲大陸的印地安人屍體會漂過大西洋，漂流至馬德拉島是不可能的事。或許這只是哥倫布捏造的虛構故事罷了。

建造航海船隻、組成探險隊是需要龐大的資金。投入資金的出資者必須要透過哥倫布的

1 譯注：指日本。

說法才有憑有據，哥倫布很有可能為此才捏造了故事，宣稱有不是黑人也不是白人的屍體從西邊漂流過來。

總算，西班牙王室願意提供哥倫布資金。一四九二年，哥倫布率領三艘船艦與百名船員，從西班牙的巴羅斯港出發。經過了兩個月越過了大西洋，抵達了美洲大陸東邊的群島。哥倫布誤以為那裡就是印度，便命名為「西印度群島」。

哥倫布在這之後依舊探索新大陸，一共進行了四次遠征。一四九八年的第三次遠征時，還抵達了現在委內瑞拉的奧里諾科河河口。從這龐大的河水量來判斷，可以簡單知道其背後應該是存在著一片未知的巨大土地。

當時他所看見的，應該是不同於印度或亞洲的面貌吧？哥倫布所看見的印地安人與他們的原始叢林生活，很明顯和馬可波羅在著作《馬可波羅遊記》中所記述的「契丹」（中國）不太一樣。而且從黃金之國吉潘古僅有的一小部分描述來看，也沒有發現類似印地安人的蹤跡。

## ◇「黃金國」點燃了歐洲人的欲望之火

十五世紀時，由於哥倫布的探險而發現了新大陸，也煽動了歐洲人對於未知土地的好奇心。如果地球上存在著「黃金國」（El Dorado）這片無人知曉、無人發掘的土地，其中更蘊藏取之不盡的金銀財寶，那麼無論將遭遇到任何危險，人們仍想踏上並征服這塊土地，這種欲望就是人的本性吧。

有一群人被稱為是征服者，英文是Conquistador。像是皮薩羅與科爾迪斯都是知名的征服者，他們分別征服了祕魯的印加帝國、墨西哥的阿茲特克王國，因而獲得如山一樣多的金銀財寶。

西班牙在導入歐元前，在一九九二至二〇〇一年最後一次改版的一千比塞塔（ESP）紙幣上，正面就是科爾迪斯，背面則是皮薩羅的肖像。

這些征服者熱愛未知的冒險與獲得財富的狂喜。歷史上再也沒有像他們一樣的人，樂於走在充滿興奮與野心的人生道路上。

一五三二年，皮薩羅從巴拿馬出港，開始侵略印加帝國。據說皮薩羅的父親是軍人，算是小貴族，母親是僕人。皮薩羅沒受過教育，成長過程時也沒學過字，在社會上是屬於下層階級。征服者與跟隨著他們的人，幾乎都是下層階級的人或是戰敗者、犯罪者、被流放者等這些「有汙點」的人，所以才有一決勝負不怕死的決心。

本來，一五一三年時，皮薩羅是屬於遠征巴拿馬的部隊。之後，花了十年在南美洲探險，考察印加帝國的存在。

一五二八年，他回到西班牙，得到國王卡洛斯一世的許可，讓他獨自占領祕魯。因此他

## 圖17-4　征服者的侵略路線

索托
一五三九至四二年
大西洋
科羅納多
一五四〇至四二年
卡韋薩・德・巴卡
一五二八至三六年
泰諾族
科爾迪斯 一五一九至二一
聖地牙哥一五一一年
阿茲特克王國
馬雅新帝國
聖多明各一四九六年
墨西哥市
一五二一年
馬雅族
阿爾瓦拉多
一五二三至三〇年
加勒比人
奇不查人
皮薩羅
一五三二至三五年
加勒比人
奧雷亞納
一五三八至四一年
印
加
帝
國
烏蘇亞與阿奎爾 一五六〇年
瓜拉尼族
阿拉瓦克族
利馬
一五三五年
庫斯科 一五三三年
太平洋
瓜拉尼族
迪亞哥・德・洛哈斯
一五四二年
阿爾馬格羅 一五三五至三七年
卡韋薩・德・巴卡
一五四二年
查科族
佩德羅・德・巴爾迪維亞
一五三五年
布宜諾斯艾利斯
一五三六年重建一五八〇年
征服路線
人名　征服者
數字（征服年代）
征服或建設的都市
數字（征服或建設的年代）
馬普切族
普爾切族
特維爾切族
阿拉卡盧夫人
大火地島族

募集軍隊，準備侵略印加帝國。

## ◇殲滅印加帝國與阿茲特克帝國的恐攻與細菌

皮薩羅帶領著步兵一百一十名、騎兵七十六名，以及火繩槍十三把等武裝勢力，侵略了祕魯。不到兩百人的兵力，究竟皮薩羅如何成功侵略一個國家，光想實在是很不可思議，但其實他們最初根本沒有打算要征服全國。

皮薩羅先是引誘、騙出印加帝國的皇帝阿塔瓦爾帕（Atahualpa）作為人質，奪取其金銀財寶後，便把他給殺了。皮薩羅的戰術簡直就是恐怖分子的行為。

印加帝國是部落社會，並沒有統合成一個個體。在皇帝被殺害之後，皮薩羅巧妙地利用部落之間的對立與紛爭，成功地讓他們互相鬥爭。看準了時機，他兵不血刃便拿下了印加帝國的首都庫斯科，而消滅了印加帝國。

目前為止，皮薩羅的作為可以說是奇蹟式的成功，但最終卻被原住民反擊，從庫斯科帶著財寶便撤退了。

皮薩羅率領部隊一百八十多人，實際上並沒有完全消滅印加帝國。印加帝國原本部落間的對立非常深，在皇帝阿塔瓦爾帕被殺害後，對立問題浮上表面，最後因為內亂才崩壞。

歷史暢銷書《槍炮、病菌與鋼鐵》的作者賈德．戴蒙（Jared Diamond）主張，印加帝國與阿茲特克王國的崩壞的主要原因是細菌。皮薩羅等西班牙人帶來天花與鼠疫等傳染性細菌，傳染給沒有免疫力的當地人，而使得他們的國家滅亡。

這些源自於動物的細菌突然變異，而傳染給人。對於西班牙人等歐洲人來說，因為他們飼養了許多種類的家畜，因而對於病菌產生了免疫力。但生活在新大陸上的原住民們並沒有飼養牛、豬等的習慣，對於動物身上的細菌完全沒有免疫力。

而且，原住民也沒有把已成為家畜的大型哺乳類當成馬或牛那樣運送勞力，或者是用在軍事上。

當時的瘟疫（pandemic，傳染病）是以原因不明的病菌來襲擊沒有免疫力的原住民，讓印加帝國與阿茲特克王國陷入恐怖的深淵，癱瘓了國家機能。

## ◇「西班牙人」與「西班牙裔」到底哪裡不同？

被科爾迪斯與皮薩羅征服之後，西班牙除了巴西（屬於葡萄牙的領土）以外，墨西哥以南的地區全為殖民地化。西班牙在玻利維亞南部的波托西銀都等，投入全力開採銀礦。開採工作強制印地安人來做，此外連種植小麥、甘蔗等農作物等農田的開發與耕作，也都是指使印地安人完成。這些印地安人勞工，實際上都被視為是奴隸一樣對待。

西班牙從非洲西海岸引進黑人到新大陸，與印地安人一樣作為奴隸而被強迫勞動。

西班牙殖民者幾乎沒有攜帶女眷來到新大陸，所以便把當地的印地安女性或是黑人女性當作妻子或是小妾（大多數的情況是當作性奴隸來對待），而誕生了混血兒。西班牙人與印地安人的混血被稱為麥士蒂索人（Mestizo）；與黑人的混血被稱為穆拉托人（Mulatto）。

在殖民地出生的西班牙人，則是稱作克里奧爾人（Creole）。大多數當地的統治階層都自稱自己是克里奧爾人，然而實際上並沒有純粹白種人的克里奧爾人，他們只是常假裝自己的母親也是西班牙人（白種人）罷了。

因此，在十六世紀以後，白種人、印地安人（黃種人）與黑人等三種人的混血相當活躍。特別是白種人相當喜歡印地安女性，使得麥士蒂索人的比率相當高。西班牙人由於是拉丁系歐洲人，便誕生了「拉美裔」這個新名稱。

拉丁美洲人也稱作為西班牙裔。在拉丁語中西班牙是Hispanicus，從拉丁語生出來而成為英文的Hispanic。在英文中西班牙人（Spanish）與西班牙裔（Hispanic）的意思完全不一樣，前者指的是西班牙人；後者指的是拉丁美洲人。雖然並沒有學術上的定義，但慣例會做出區別。另外，西班牙裔中也包含了以葡萄牙語為官方語言的巴西人。

今日的拉丁美洲人（也就是西班牙裔）是融合了白種人、印地安人（黃種人）與黑人等的混血後裔，所以從其容貌來看，也兼具了這三個人種的特徵。

## ◇因「印地安主義」而出現的反叛及獨立

十八世紀時，在拉丁美洲這塊土地上，各民族進行了全面性的混血活動，雖說消弭了西班牙人（白種人）與印地安人二元對立的關鍵要素，卻出現了欲復興往昔印地安人在印加帝國榮光的「印地安主義」，而發生過數次的反叛活動。

一七四二年，出現了一位打著印加帝國末代皇帝阿塔瓦爾帕後裔之名的男子，他要再次復興印加帝國，以此訴求民眾的支持，而掀起叛亂。一七四六年，利馬發生大地震，民生遭受重創，這位自稱是阿塔瓦爾帕後裔的男子告訴人民「地震是印加神的怒吼」。之後這股反叛勢力逐漸擴大，造成安地斯一帶陷入大混亂。

但一陣子之後，這名阿塔瓦爾帕後裔的男子卻消失無蹤，叛亂也平息下來。但是，其後打著印地安主義而起的叛亂仍舊斷斷續續地發生。

到了十九世紀的拉丁美洲，與以往統治者不同的中產階級抬頭。這群人向民眾宣稱，造成貧困的原因是源於西班牙本國的壓榨，然而事實卻相差十萬八千里。因為當時西班牙早已沒有介入拉丁美洲任何事務，就連想介入的力氣也都沒有。

不僅如此，中產階級不斷宣傳，說舊領導階層與西班牙勾結，榨取民眾，成功讓民眾都站到自己的那一邊。甚至還打著要從西班牙獨立的名目（事實上早就處於獨立狀態），仿效美國掀起獨立革命，驅逐舊領導階層。

該活動的那些主導者，是被稱為拉丁美洲之父的玻利瓦爾（Simón Bolívar）與聖馬丁（José de San Martín）、伊達爾奇（Francisco Miguel Hidalgo）等人。玻利瓦爾主導了拉丁美洲北部（委內瑞拉、哥倫比亞、厄瓜多）的革命；聖馬丁則是在拉丁美洲南部（阿根廷、智利與祕魯），而伊達爾奇則是主導墨西哥的獨立革命。他們都是以詐騙專家特有的口吻說自己是克里奧爾人。

十九世紀前半葉，所謂「被西班牙榨取」的問題排除後，拉丁美洲各國紛紛獨立。但這些國家獨立之後，貧困與社會經濟落差的問題卻並未因此消失（至今仍存在），社會甚至還變得更加混亂。

Chapter 18

# 所有民族都是黑人

## ◇出現在非洲的智人

人類的起源據說是黑人（尼格羅人）。非洲的黑人是人類共同的祖先，至今約十萬年至五萬年前，一部分的黑人越過蘇伊士地峽，往全世界擴散出去，進一步演變成白種人（高加索人）與黃種人（蒙古人）。而在留在非洲的人們仍是黑人，直到現在依舊不變。

遠離炎熱非洲的人類，皮膚的顏色起了變化。在寒冷地區的人們，由於不需要黑色素（以保護肌膚被紫外線曝曬），所以色素便逐漸減淡，因此黑人轉變成黃種人與白種人。

約二十萬年前，在非洲出現了現代人類「智人」（Homo sapiens）。在拉丁語中 Homo 是指人，sapiens 指的是智慧的意思。智人原本是黑人。所謂的「非洲單一起源論」就是指在非洲出現的智人，是現代人類的起源，並往全世界擴散出去的概念。

像我這類年紀在四十歲左右的人們，會不太能接受這個說法，因為這跟我們在國高中歷

圖18-1　人類的擴散

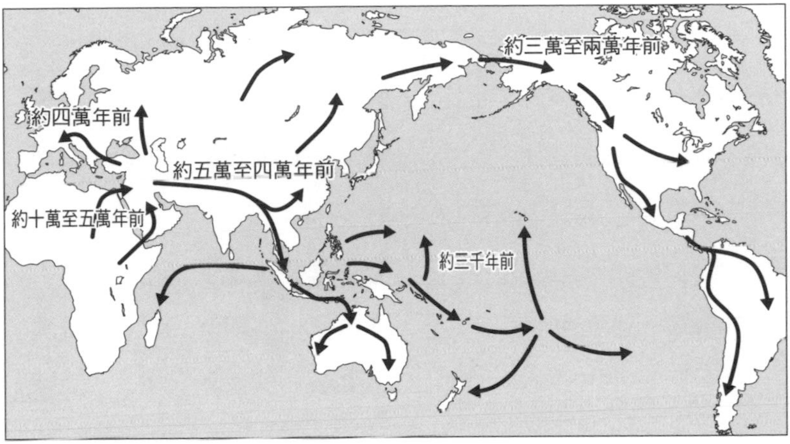


史課所學的不一樣。人類的演化進程是依序從南方古猿（Australopithecus）—直立人（Homo erectus）—古代人種（如尼安德塔人〔Homo neanderthalensis〕）到智人。因此，世界各地的舊人類，各自進化成智人，是我們在二十年前所學到的知識。

然而，在一九八七年，美國人類學家麗貝卡．卡恩（Rebecca Louise Cann）的研究發表之後，科學家對於DNA的解讀愈來愈多，結果發現，尼安德塔人等古代人種與現代人種的智人，在遺傳學上並沒有直接關聯。

## ◇古代人種與智人的滅絕

在二十年前左右學校所教的內容是，如圖18-2a的「多地起源論」，是指各地的古代人種衍生成黑人、白種人與黃種人。比方說，像我們

圖18-2　人類的進化

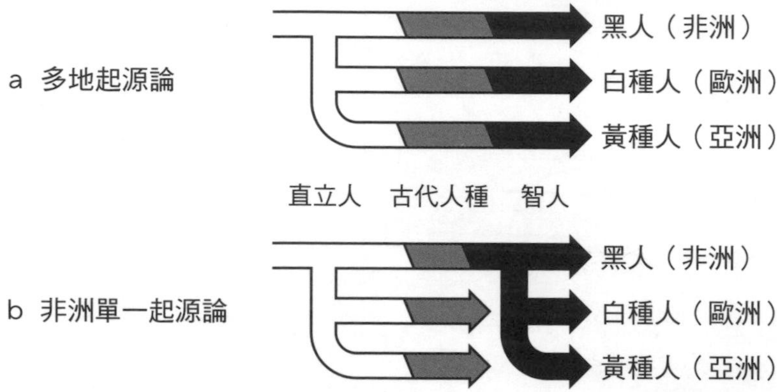


日本人這類黃種人，跟黑人並不會有直接的關連。

但是，今日學界卻認定人類是如圖18-2b的「非洲單一起源論」，白種人與黃種人是由黑人所衍生而來的。

那麼，在智人前一階段的古代人種，到底是什麼樣的存在呢？

目前被正式視為是古代人種的，只有尼安德塔人。海德堡人是在德國海德堡近郊被發現，他的腦容量比直立人還大，雖然是接近古代人種，在學術上卻被歸類成直立人。或者也可以說是他是連接直立人與古代人種的存在。

以前，在爪哇島的梭羅亞種（Solo Man/Homo erectus soloensis）、南非的羅德西亞人（Homo rhodesiensis）等雖然都被視為是古代人種，但梭羅亞種接近爪哇原人，而羅德西亞人則接近智人。周口店山頂洞人被視為北京猿人的進化版，是屬於智人（北京猿人是直立人，所以並非是直接的進化版）。

尼安德塔人是在一八五六年，在德國西部杜塞道夫近郊的尼安德河谷（德語的谷是tal）發現的。這個人類骨骼化石（也就是古代人種），與在歐洲各地與中東地區所發現古代人種的化石形狀相同，但在其他地區並未發現有一模一樣的。

尼安德塔人的腦容量約一千五百毫升左右，與智人相同。所以假設尼安德塔人穿著西裝坐在你旁邊，也不會有人發現他是古代人種。

尼安德塔人身著毛皮，住在洞窟裡面，據說並沒有像智人克羅馬儂人（Cro-Magnon）一樣畫壁畫。克羅馬儂人是在法國南部的克羅馬儂發現的，他們在西班牙阿爾塔米拉洞（Cave of Altamira）、法國拉斯科洞窟（Lascaux Caves）所遺留下來的壁畫，十分有名。

## ◇與智人有關的各種疑問

有人推測，尼安德塔人等的古代人種是被從非洲來的智人所消滅的。關於消滅的手段，有各式各樣的說法，像是有因戰爭而滅亡說、因為混血而被統合說，或是因智人所帶來的疾病而滅絕說等。

在二〇一七年，由哈拉瑞（Yuval Noah Harari）所著的《人類大歷史：從野獸到扮演上帝》（*Sapiens: A Brief History of Humankind*）這本暢銷書中，對於這個問題有詳細的解答。歷史學者哈拉瑞主張，智人創造出了「語言」這項「虛構」的手段，獲得了編織宗教等共同神話的能力。藉由「虛構」的集體想像力，可以讓非特定的多數對象共有理想與目的，並能與對方一起團結合作，這也就是為什麼智人可以勝過古代人種的尼安德塔人或是殘存下來的直立人。

哈拉瑞闡述道，智人這類大規模的合作體制，便是日後發展成為社會與國家的原型。為什麼只有智人留下來？關於這項疑問，他提出了有說服力的解答。

然而，智人依舊留下許多其他疑問，像是為什麼只出現在非洲，而不是在歐洲、中東或是亞洲？智人又是在非洲哪一個區域出現的？

為什麼在歐洲與中東的尼安德塔人，在演化上會晚於非洲？非洲真的存在著演化的優越性嗎？如果是的話，為什麼進入了歷史時代，非洲文明卻晚於歐洲文明與亞洲文明呢？目前存在相當多類似以上問題，有待人類學未來為我們一一解答。

## ◇黑人與阿拉伯人的混血是發生在阿克蘇姆帝國

西元前十世紀，在尼羅河上游出現了非洲最早的黑人王國「庫施王國」（Kingdom of Kush），這是庫施人為了要對抗埃及及新王國所建立的國家。西元前七世紀，亞述人入侵埃及後，庫斯王國向亞述人學習製鐵技術，而使得王國蓬勃發展。然而卻在四世紀時，被衣索比亞的阿克蘇姆（Aksum）帝國殲滅。

圖18-3　非洲的古代至中世紀地理

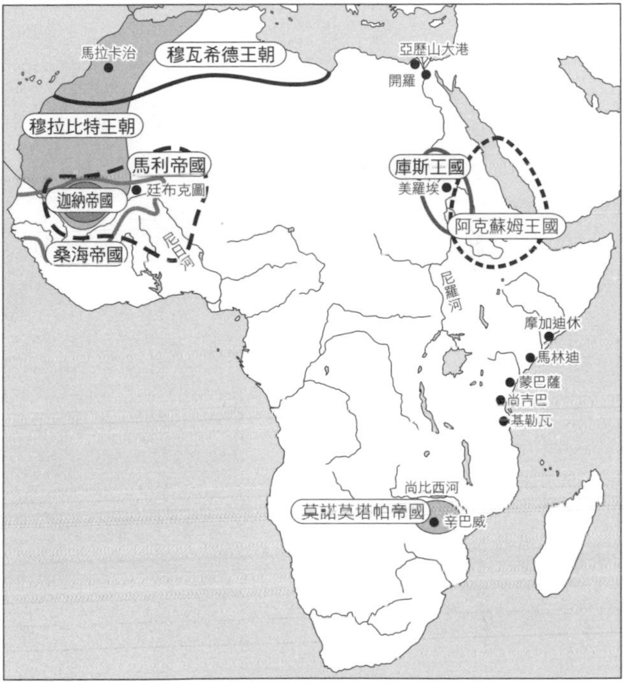


阿克蘇姆是由阿克蘇姆人在衣索比亞建立的帝國。阿克蘇姆人是從阿拉伯半島南部移居至非洲的閃米人（阿拉伯人）。他們在殲滅庫施王國之後，便前往尼羅河流域。

阿克蘇姆帝國的人民受到基督教的教化，統治者也視其為國教。國內的阿拉伯人為了要與歐洲進行更頻繁的交易，因此接受了基督教。當時，伊斯蘭教尚未出現。衣索比亞的基督教是亞歷山大科普特正教會[1]，科普特在阿拉伯語中是指「埃及」的意思。

1　譯注：The Coptic Orthodox Church of Alexandria，簡稱為科普特正教會。

圖18-4　非洲主要四大語系民族分布圖

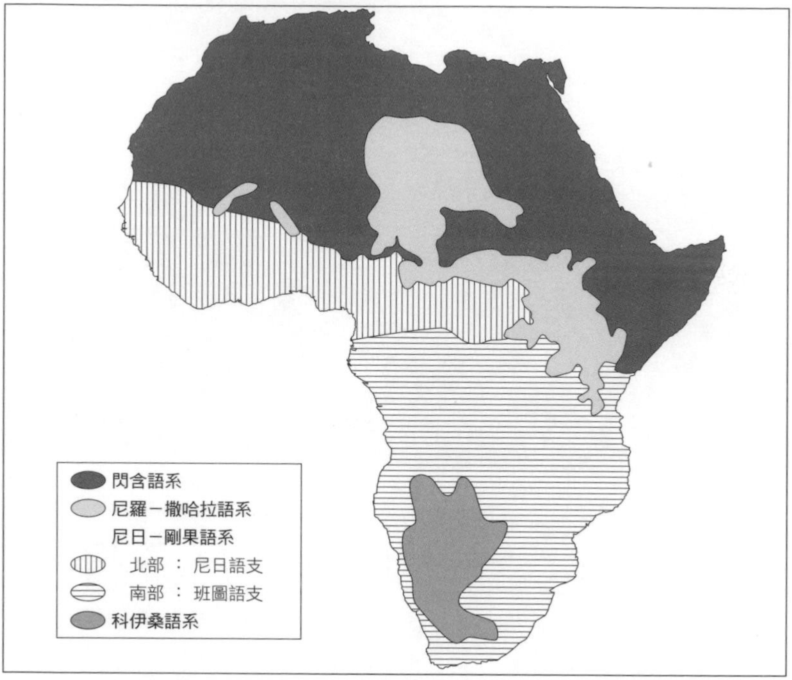


一般認為在阿克蘇姆帝國時代之後，黑人與阿拉伯人的混血，從衣索比亞至東非急速進行。以衣索比亞為中心的東非人，其鼻子大多數都比西非人還要挺，輪廓也比較深，這是因為古代就有混入阿拉伯人所屬的高加索人種血緣。

在非洲東岸，馬林迪（Malindi）、蒙巴薩（Mombasa）、尚吉巴（Zanzibar）與基勒瓦（Kilwa）等海港都市一一形成。大約在十世紀左右，中東的穆斯林商人移居至這些地方，展開了印度洋的貿易活動。當然在這些地區，也跟衣索比亞的情形一樣，黑人與阿拉伯人進行了種族混血交流。

該區域的語言是以一種阿拉伯語名為「斯瓦希里語」（Kiswahili）較為普及。「斯瓦希里」在阿拉伯語中是指「海岸地帶的人們」。

## ◇非洲人根據語系可分為四大類

相較於東非人與阿拉伯人進行混血，在非洲西部與中南部的非洲人仍保有純正的黑人血統。東非人由於與阿拉伯人混血，所以連語言也都轉變為阿拉伯化。

非洲人根據語言，大致可以分為四種語系，分別是亞非語系、尼羅—撒哈拉語系、尼日—剛果語系與科伊桑語系。其他還可以再細分成數百個語系，但本書只列舉主要的四種來加以說明。

亞非語系民族就如同前面敘述阿克蘇姆帝國的例子一樣，是與阿拉伯人混血（也包含埃及人），此外也混入白種人的血統，主要分布在東非及北非。

尼日—剛果語系民族，是非洲最多人數的民族，分布在非洲西部與中南部，可以說是幾乎沒有與其他民族混血，保留著最純粹的黑人血統。其民族還可分為北部（尼日語支）與南部（班圖語支）兩派。

尼羅─撒哈拉語系民族則是處於亞非語系與尼日─剛果語系之間，是連結兩方的中介民族，分布在尼羅河沿岸。

科伊桑語系民族不屬於尼日─剛果語系，而是南非各部族獨立語系者的總稱。大多數原始性格較強的民族皆屬於這個民族。

## ◇尼日─剛果語系的「諾克文化」

非洲西部的尼日河流域擁有寬闊的肥沃平原，西元前三千年左右開始便開始栽培薯類、咖啡豆和椰子等植物。尼日河流域也是尼日─剛果語系民族的發祥地。

從西元前五世紀左右開始，這地區因鐵器文化而繁榮，稱作為「諾克文化」（Nok Culture），位於奈及利亞中央地區。一般認為諾克文化是由前述非洲東部的庫斯王國傳來製鐵技術而發展出來的。

最初的鐵器文化，是起始於西元前十五世紀左右出現在小亞細亞的西臺王國，之後希臘約在西元前十二世紀、印度在西元前十世紀，而中國大約在西元前六世紀，才各自發展鐵器文化。非洲是使用鐵器最晚的地區。

諾克文化大幅地影響非洲中南部的班圖語支民族（南部的尼日─剛果語系民族）。

從尼日─剛果語系民族的分布區域來看，古代開始就是呈現各部落分散的狀態，與中央集權的東非庫斯王國或是阿克蘇姆帝國不同。東非由於被埃及與阿拉伯半島的外敵勢力圍繞，不得不發展出強大的王權來與之對抗，相對地非洲西部與中南部並沒有外來的敵人，也就沒有中央集權的必要了。

## ◇曼薩穆薩君臨「黃金國度」

然而，到了中世紀，尼日河流域的農業生產力大幅提升，使得人口逐漸增加，各部落的統治領域彼此愈靠愈近，因此需要調停者的存在。而這個調停者由於集中了許多權力，最後就變成了一國之君。另外，在八世紀之後，因為從北方越過撒哈拉沙漠的穆斯林商人展開貿易活動，為了要管理交換物資用的黃金，所以也希望有強大的統治者來做管控。

因此，八世紀左右非洲誕生了迦納帝國（參考圖18-3）。迦納帝國統治了尼日河流域，並生產豐富的黃金，並與穆斯林商人頻繁交易，以黃金來換取岩鹽。所以在阿拉伯人眼中迦納帝國就是「黃金國度」。

十一世紀時，迦納帝國遭受柏柏人建立的穆拉比特王朝攻擊（參考第十二章），使得國勢衰落，而穆拉比特王朝搶奪了迦納帝國的黃金而變得更加強大。

迦納帝國於十三世紀時被馬利帝國（Mali Empire，與迦納帝國為同民族）殲滅。馬利帝國掌握了黃金產地，並引進了伊斯蘭教。

馬利帝國全盛期的君主是活躍於十四世紀前半葉的曼薩穆薩（Mansa Musa）。曼薩穆薩是位虔誠的伊斯蘭教徒，據說去麥加朝聖的時候，在行經開羅等中途城市時用掉了大量的黃金。因此造成黃金的價值崩盤，在開羅還發生通貨膨漲的現象。曼薩穆薩的朝聖隊伍包含家臣六萬人、奴隸一萬兩千人，而每位奴隸還拿著重達兩公斤重的金條。

曼薩穆薩之名也傳播至歐洲。摩洛哥旅行者伊本·巴杜達也曾造訪迦納帝國，描寫其繁榮景象。在曼薩穆薩在位的時代，即是非洲人光榮的時代，而被世人所記憶。

馬利帝國在十五世紀後半葉，被在尼日河急速擴展勢力的桑海（Songhai）帝國所消滅，其領土被併吞。

桑海帝國因為與北非的貿易而繁榮，於十五至十六世紀迎向全盛時期。廷布克圖（Timbuktu）位於尼日河流域的中游，作為桑海帝國的經濟與文化中心而盛於一時，是今日馬利共和國的都市。

十六世紀末，桑海帝國被相信「黃金國度」傳說而南下的摩洛哥軍給消滅。不過，當時桑海帝國的黃金已經消失殆盡了。

自桑海帝國滅亡後，尼日河流域不再出現強大的統一帝國，很快地便被歐洲人入侵。

尼日—剛果語系民族也曾於中世紀時在非洲南部打造起帝國。十五世紀時，他們在尚比西河流域建立了莫諾莫塔帕（Monomotapa）帝國。從該帝國的大辛巴威（Great

Zimbabwe）遺跡中，我們發現了高度宮殿文化發展的痕跡。

## ◇黑人奴隸貿易與砂糖產業

十五世紀以後，隨著大航海時代的來臨，葡萄牙與西班牙開始入侵非洲，擄獲黑人作為奴隸，把他們帶到歐洲去，甚至還在西非的海岸建立了供應奴隸的據點。

到了十六世紀，西班牙人在西印度群島與中南美洲經營農田與礦場，由於當地的印地安人遭受嚴苛的對待，使得人口大幅減少，為了填補勞動力不足的缺口，便把非洲的黑人引進該地做奴隸。

到了十七世紀，英國開始有組織地展開黑人的奴隸貿易，他們拿槍與劍等武器到非洲來交換黑人奴隸，並把黑人奴隸運送到加勒比海的西印度群島，強制他們從事砂糖產業的勞力工作，再把砂糖運回英國，而形成三角貿易。他們稱黑人為「黑色貨品」、砂糖為「白色貨品」。大量供應的砂糖可以補足人口增加時的糧食自給率。

當時的白人並不把黑人當人看，視他們為「接近猿猴的生物」或「位在人類與猿猴之間的存在」。對白人來說，黑人只有作為奴隸的商品價值，在有些情況下，有時黑奴還會低於牛馬的價格。

英國在十七至十八世紀，與競爭對手西班牙和法國開戰。最終由於英國獲得勝利，便獨占了奴隸貿易，取得巨大的利益。據說，當時投資奴隸貿易的資本家都可以得到百分之三十的回報。這種人口買賣商業活動跟犯罪行為沒兩樣，但對英國來說，卻是有前途的高報酬事業。

法國也跟著英國的腳步，入侵加勒比海群島與海地，利用黑奴來經營砂糖產業。經濟學家亞當．斯密曾說，海地的砂糖產業相當繁榮，從中可以獲取莫大的利益。不過，賣黑奴給法國，讓他們到海地被迫成為農奴，罪魁禍首就是英國。

從十八世紀前半葉工業革命開始後，棉花的需求量大增，相關產業便在西印度群島上進行耕作，而棉花也跟砂糖一樣，被稱為「白色貨品」。十七至十八世紀英國的繁榮與工業革命，全都是奠基於壓榨黑奴的勞動力去生產砂糖與棉花才有如此成果。

## ◇禁止奴隸貿易的真正理由

一七九〇年代，英國正式展開工業革命後，若只靠西印度群島的棉花種植業，根本來不及原棉的生產速度，因此美國南部一帶也加入了種植棉花的行列，同時也奴役黑人。一七八三年，美國從英國獨立後，讓黑奴組織家庭，繁衍後代，使黑人子孫能長久在這片土地上存續，以增加奴隸人口。所以美國向英國購入黑奴的需求便大幅減少。

直到十八世紀後半葉，有一千萬至一千五百萬名的奴隸被帶離非洲，非洲當地的人力資源枯竭，使得奴隸的買賣價格飆高。又加上南北美洲的砂糖、棉花產量增加，造成價格下跌，奴隸貿易的利潤也跟著每況愈下。

由於人道的批判與民眾的論議逐漸激烈，英國議會在一八〇七年制定了禁止奴隸貿易的法律。然而，奴隸貿易仍持續至十九世紀中葉。這時候，英國開始到印度開拓殖民地，收購印度產的原棉，另外又加上葡萄牙屬巴西的砂糖產量猛烈提升，在原棉與砂糖供應量增加的情形下其價格下跌，導致奴隸貿易的利潤不再，自然相關買賣也就消失了。

奴隸貿易消失的原因，比起說是因為人道理由，倒不如說是跟經濟的關聯還比較大。英國壓榨黑奴到極致，連一滴都不剩，而讓壯大了自己的霸權。

不過，把黑人視為奴隸帶離非洲的不只有歐洲人而已。八世紀時，伊斯蘭帝國的阿拔斯王朝建國時，為了要維持貿易活動，穆斯林商人開始在印度洋上做貿易，他們當時就有從非洲東岸引進奴隸。

黑人被帶到伊斯蘭文化圈，主要也是當作農奴，遭受嚴苛的對待。伊斯蘭文化圈稱黑人為「津芝」（zanj）。阿拔斯王朝的黑奴由於遭受極度嚴酷的折磨，曾經發動叛變，稱為「津芝叛亂」。伊斯蘭文化圈直至近代為止，還有人公然進行奴隸貿易。

黑人作為奴隸的時代相當長，這段歷史是不容易被抹滅的。

# Chapter 19
# 爲什麼白人盎格魯—撒克遜新教徒（WASP）沒有混血？

## ◇歐洲的貧民前往新大陸

美國人的祖先，用一句話來說就是歐洲最貧困階級的人。這些經常無法獲得溫飽的人，在窮途末路的狀況下來到了美國，開墾荒地、歷經嚴苛的勞動後，總算能養活自己，這就是事實。即便在東南亞與非洲地區的貧民，應該沒有遭遇過這樣被貧窮逼到絕路的慘況吧。

十七至十八世紀，全歐洲以英國為中心，急遽增加許多上述極貧困的人。原因是歐洲的白人人口在十六世紀時只有五千萬人左右，但在十七世紀卻達到了一億人。這是由於科學與醫學的發達，每個人都有細菌的概念，所以開始有了衛生觀念，並保有整潔的生活空間。因此，新生兒因為感染而死亡的機率銳減，而使得人口大幅增漲。

當時的歐洲並沒有供給倍增人口食糧及物資的能力。雖然因為農業技術與經營方法的變革，使得糧食生產力急遽上升，出現了所謂的「農業革命」，但這是十八世紀以後的事，是一百年之後的事情。在糧食增產的供給能力尚未增加的狀態下，人口突然激增，必定會面臨飢餓與貧窮的困境，這就是十七世紀的危機。

英國特別有這種問題，因為土地貧瘠、農耕地少，所以次男以後的男丁並未能分配到可繼承的土地。大多數貧困的人在英國國內根本連住的地方都沒有，只好往海外找尋新天地，而他們的目標即是美國新大陸。

拉丁美洲地區與密西西比河流域已經屬於西班牙的領土，巴西也為葡萄牙的領土，因此在美洲無人占據的地區，只剩現在美國東海岸的荒地。一六二〇年代之後，英國的最貧困階級的人大舉移居至美國東海岸，他們把該地稱為「新英格蘭」。

## ◇連納粹也甘拜下風的種族滅絕政策

十七世紀在英國新出現最貧困階級的人，是信奉基督新教的清教徒。清教徒是英國對於新教徒的稱呼。由於新教不分貴賤，打著「在神之前人人平等」的理念，因此廣泛地滲入至貧窮階層。橫渡至美國的清教徒們被稱為「朝聖前輩」（Pilgrim Fathers）。

之後，他們的子孫是所謂的白人盎格魯—撒克遜新教徒（WASP），成為主導美國社會的核心階層。WASP是White Anglo-Saxon Protestant的簡稱，指的是白種人，屬於盎格魯—撒克遜系，並信奉新教的人。

當初，很多開墾者無法忍受嚴苛的環境，陸續死亡。在新天地開墾荒地的過程充滿了人們想像不到的苦難，只像有清教徒那樣的宗教熱情，才能夠克服艱苦。清教徒以開墾精神（frontier spirit）開拓荒野、建構生存圈，他們所依靠的就是神給予的「昭昭天命」（Manifest Destiny，意謂明白的使命）。領土擴張是宗教使命，以神之名，迫害、虐殺印地安人也變得師出有名。

這些開墾者把印第安人原住民作為種族滅絕的對象，無情屠殺的程度，就連納粹也要甘拜下風。十七世紀後半葉，印地安部落彼此組成同盟，開始與白種人移居者對戰。

當時，德國、荷蘭與北歐的新教徒們也移居美洲，並協助清教徒與印地安人戰鬥。戰爭過程中，德國、荷蘭與北歐的移居者漸漸與先到的英國人融為一體，這些白種人移居者便以槍炮逼迫印地安人，並在各地進行種族滅絕的行動。

印地安人的滅絕行動一直持續到十八世紀，喬治·華盛頓身為殖民軍司令官時，還曾指揮行動，對印地安人實行焦土政策（Scorched earth）。

## ◇美國獨自進行黑奴的「繁衍政策」

十八世紀時，白人開墾者擁有農地，開始在農場栽種砂糖、咖啡豆、棉花與菸草等商業作物，也有人將作物進口至以英國為主的歐洲地區以獲取財富。

在這些一望無際的農園中，有人運來了黑奴。白種人地主大量向英國的人口販子買進黑人奴隸。

透過黑人的勞動力，美國農業基礎的逐漸強大，白種人開始累積財富，在各地掌握利權的大人物一一抬頭。美國的建國者華盛頓與傑佛遜等人，曾經都是殘酷役使黑奴的農場主人。他們這些有權有勢的人為了維護自己的權益，於一七七五年掀起美國獨立革命，成功地推開英國的統治。

在獨立戰爭開始之前的十八世紀中葉，英國供給奴隸人數逐漸減少。在非洲大量擄掠黑人，使其人數遞減，導致奴隸的買賣價格上漲了不少。美國為了因應這困境，選擇多購買黑人女孩，以實行「增加產量」的繁衍政策。

透過這個「繁衍政策」，美國即使不再依賴英國的奴隸貿易，也能增加黑奴的人數。如此一來，英國便失去了奴隸貿易的利益，也藉由人道的理由，於一八〇七年禁止了奴隸貿易。這時，美國的黑人人口急速增加，並跟著參與西部的開墾事業。開墾與奴隸勞動力的擴大是有表裡合一的關係。

開墾西部一事，會與原住民印地安人產生對立衝突。從獨立戰爭以前白人就已經實行種族滅絕政策，他們與印地安人早處於戰爭的狀態中。

美國政府分別對印地安各部落，採取金錢補償與土地所有權認可等懷柔政策，以切斷其部落的結盟。由於印地安同盟的勢力逐漸衰弱，美國第七任總統安德魯・傑克森（Andrew Jackson）於一八三〇年制定了《印地安人遷徙法案》，迫使大多數印地安部落遷徙到密西西比河以西的邊境。傑克森還曾在國會演說上狂妄發言：「印地安人是應該被殲滅的低等民族。」

印地安人所移居的地方就是今日的奧克拉荷馬州（Oklahoma）。在印地安人的語言中Okla 指的是人們；homa 則是指紅色的意思，他們將自己視為是「紅種人」。

現在印地安人組成「新英格蘭—美國印地安聯盟」（United American Indians of New England，簡稱為UAINE），對美國政府請求各種賠償事宜。

## ◇「黑印地安人」因強制混血而誕生

美國的黑人大多都與印地安人混血，深刻繼承了印地安人的血統，因此而被稱為「黑印地安人」。

在農場受到嚴苛對待的黑人奴隸展開逃亡，也得到印地安人部落的接應。雖然一般來說黑人奴隸與印地安人維持著良好的關係，所以才會進行混血，但或許有可能只是後世所捏造出來的佳話罷了。

因為印地安人部落擁有非常強硬的部落個別主義，即便是對其他印地安人部落都有強烈的排他性。而印地安人卻能與黑人和平共處，這現象看起來相當不自然。

實際上，印地安人抓住從白人那邊逃跑的黑人，變成自己的奴隸。有一部分案例已證實為真，但按理推斷應該不只一部分，而是全部都是如此。

黑人與印地安人的混血並非是因為彼此的「友好關係」，反而是白人依據「繁衍政策」強制實行所得出來的結果。印地安人因為遭到種族滅絕被慘烈地殺害，但印地安女性則被作為「繁衍政策」的一環，與黑人結合生下黑奴之子。這段黑歷史，隨著現今人權主義的提升而成為奇恥大辱，因此很少發現有相關的紀錄。

美國的黑人中大約有百分之四十存在印地安人血統。假如不是被美國的「繁衍政策」所利用，就無法說明為什麼在十九世紀會大量出現「黑印地安人」了。

## ◇刻印在基因上的戒律

在十六世紀以後，白種人的西班牙殖民者在中南美洲，與印第安人、黑人進行混血。特別是西班牙人偏好印地安女性，迫使這些女性作為性奴隸，而生下了稱為麥士蒂索人的混血兒。相對地，白種人的英國殖民者，被稱為「朝聖前輩」，並沒有與其他混血。這究竟是為什麼呢？

白種人的英國殖民者之後代子孫被稱作白人盎格魯－撒克遜新教徒，他們的純粹血統幾乎維持下來。這是受到清教徒戒律相當大的影響。

當時清教徒來到美洲新天地、想與神一同開創全新生活，對他們來說，宗教上的戒律是相當大的心靈支柱。清教徒們甚至把戒律視為首要價值，因而產生出極端的理想主義，經常排除異端分子與異類。

有本書描寫了清教徒的精神，是一本名為《紅字》（*The scarlet letter*）的小說。作者是美國的納撒尼爾．霍桑（Nathaniel Hawthorne），於一八五〇年時出版，當時造成相當大的話題。《紅字》的故事背景設定在十七世紀的美國清教徒社會，主角是一位因外遇而產子的女性。依照清教徒的戒律，主角因為生下了與外遇對象的孩子，所以被強制在胸前掛上帶有表示姦通罪（adulty）的紅色縮寫字A。書中描寫了在世人激烈的誹謗下，主角仍繼續活在世上的姿態與內心情境。牧師糾纏、逼迫她「說出外遇對象的名字」，但主角卻持續保持緘默。霍桑在書中相當寫實地闡述了清教徒對於戒律的激進態度與矛盾。

如此嚴格的戒律，在現實中真的能夠完全遵守嗎？表面上是揭示了理想主義，將自己的人種與民族視為正義使者，並大大地活用這套理論，藉此排除看作異端的其他民族。清教徒完全無法與其他民族混血，認為那是在挑戰戒律。這個想法深深地刻畫在白人盎格魯—撒克遜新教徒的基因裡。

美國第三任總統湯瑪斯·傑佛遜（Thomas Jefferson）喜愛黑人女子，據說甚至把她們當作性奴隸。但是這個傳聞一直都被人們徹底地掩蓋過去。

另一方面，西班牙殖民者信奉天主教，並沒有存在所謂排他的戒律，這是因為天主教的博愛主義傾向比較強。此外，西班牙殖民者是以征服者為主，比起宗教狂熱，他們反倒是以追求經濟利益為優先，所以並沒有像清教徒一樣如此遵從宗教戒律。

## ◇白種人優越主義至今仍製造不少對立

二〇一七年八月，美國南部維吉尼亞洲發生了一起因白種人優越主義而起的事件。白種人優越主義者們聚集在某座公園內，反對撤除在南北戰爭時擔任司令官的李將軍（Robert E. Lee）[1]雕像。另一方面，周邊也有反對派包圍著，他們不認同白種人優越主義者們的集會訴

1 譯注：南北戰爭時期最知名的南軍將領。儘管李將軍在情感上反對南方脫離，曾被當時的總統林肯點名指揮北方聯邦軍，但他選擇效忠故鄉維州，成為南方邦聯軍的北維吉尼亞軍團司令，最後晉升為邦聯軍隊總司令。被白人右翼團體視為崇敬的對象。

求，雙方還打了起來。

在街道上，某輛車衝進反對派的示威遊行隊伍，而造成一名三十三歲女性身亡。當地警察以殺人罪逮捕了開車的白種人優越主義男子。美國總統川普對於這事件避而不談，否認與白種人優越主義有關，而遭受不少批評。

這些聚集在維吉尼亞洲的白種人優越主義者們，揚起南北戰爭時代的南軍旗幟，除了肯定黑奴政策，並且讚揚李將軍。

在一八五〇年代，美國因為奴隸制度而造成南北對立，並逐漸演變成不可收拾的局面。對於南方來說，該地區擁有廣大的農地，需要奴隸作為農耕勞動力，然而北方人民卻對此感到厭惡，進而痛批奴隸制。

當時北方正進行近代工業化，被稱為布爾喬亞（bourgeoisie，或是中產階級）的工商業者勢力抬頭，他們認為這些肯定奴隸制度的守舊派勢力是國家的恥辱。一八六〇年，北方代表共和黨的林肯當選美國總統。當時林肯順勢利用北方人情感上對奴隸制的排斥，鼓吹反對蓄奴的思想，因而獲得人民的支持，而成為美國總統。

然而，南方各州卻反對林肯當選總統，於是脫離聯邦，而導致武力衝突，最終演變成南北戰爭（一八六一至一八六五年）的慘況。在戰爭期間的一八六三年，林肯發表了《解放奴隸宣言》。即使處於不利的戰況，南方各州在李將軍的帶領下，還是賭上自己的生命，以必死的決心與北方一戰，形成血洗的慘烈內戰。但人多數民意是站在林肯這一邊，北方軍最終於蓋茨堡戰役獲得勝利，結束了南北戰爭。

南北戰爭之後，政府修正憲法，廢除奴隸制度，給予解放的黑人奴隸公民權與選舉權。但是因為黑人沒有土地，因此在經濟上完全不能自立，大多數的黑人只能成為「佃農」（sharecropper），即使是勞工，處境跟奴隸一樣，在經濟上附屬於地主之下。

此外，白種人還組成３Ｋ黨[2]，是個祕密的反黑人組織，以暴力迫害黑人。在南方各州，由於白種人慢慢獲取統治權，便依據州法等剝奪黑人的公民權與選舉權，實施歧視黑人的措施與行動。

黑人問題在進入二十世紀之後，總算看見了解決的契機。馬丁・路德・金恩牧師等人於一九五〇年代發起黑人公民權利運動，一九六四年美國國會也通過了民權法案。民權法案是由甘迺迪總統遞交給國會，再由繼任的詹森總統於任職期間簽署成立。這項法律主要是承認黑人的公民權範圍更廣泛，以及消除選舉權等差別待遇。

2　譯注：Ku Klux Klan，縮寫為ＫＫＫ，是美國歷史上奉行白種人優越主義運動和基督教恐怖主義的民間仇恨團體，同時也是美國種族歧視的代表組織之一。

# 第七部

# 大帝國的建立——民族的融合

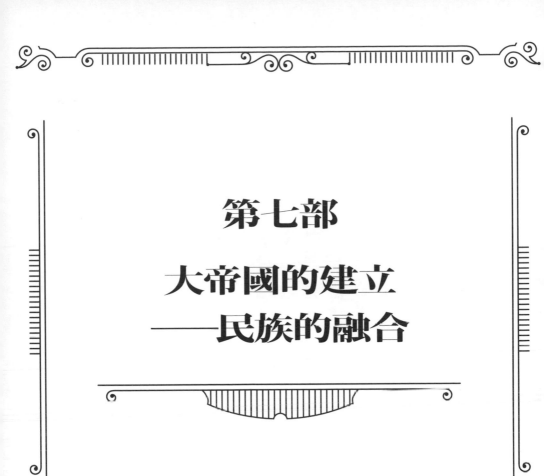

# Chapter 20

# 連結起世界的蒙古人

## ◇何謂「蒙古人」？

所謂「蒙古民族」，廣義來說指的就是亞洲的黃種人。當然其中也包含日本人。這個廣義的蒙古民族在學術上便稱為「蒙古人種」。

狹義上，蒙古人指的是分布在蒙古高原至滿州一帶的人們，更精準來說，就是在蒙古高原搭著蒙古包，一直過著遊牧生活的人。今日我們說的狹義蒙古人便是指這群人。

現今蒙古人居住在中國與蒙古國，其居住範圍可分成外蒙古（北部）與內蒙古（南部）。中國清朝於十七世紀統一了內外蒙古，收歸為領土。

歷經清朝漫長的統治時期，辛亥革命爆發後，外蒙古趁勢脫離中國獨立，於一九二四年，成為世上第二個共產國家「蒙古人民共和國」，但內蒙古仍屬中國領土，成為其中一省為「內蒙古自治區」。

雖然由此描述看來，蒙古人彷彿南北一分為二，但在清朝約三百年的時間，內蒙古的人逐漸中國化，不斷與中國人混血，不僅失去了蒙古人的文化，更大幅喪失了血統。相較於本來的蒙古民族，內蒙古跟中國還比較親密。

另一方面，外蒙古占了蒙古高原一大部分，依舊維持傳統的草原生活，也保持蒙古人純正的血統。他們為了要奪回蒙古人應有的主權，便從中國獨立，當然也就建立了「蒙古人民共和國」。

然而，蒙古人在成立自己的國家之後，卻受到蘇聯嚴苛的控制。在社會主義化之下，就連提及民族英雄成吉思汗的名字也都不被允許。一九九一年蘇聯解體後，蒙古放棄了社會主義，並於一九九二年改名為「蒙古國」。

蒙古擁有許多像是稀土金屬礦等未開發的礦產資源，因而受到世界各國如中國與俄羅斯的關注。日本也在二〇一〇年與蒙古政府簽署合作研究之協定，積極投入蒙古礦產資源的開發與利用。

蒙古由於擁有如此豐富的礦產，今後的經濟發展備受矚目。

## ◇支撐大帝國的全新獲利結構

蒙古人的全盛期在歷史上可分成四個階段，如圖20-1所示。

圖20-1 蒙古人的興盛時期

| | 名稱與部落 | 全盛期 | 主要領導者 | 國名 |
|---|---|---|---|---|
| 第一興盛時期 | 匈奴 | 西元前二世紀 | 冒頓單于 | 匈奴 |
| 第二興盛時期 | 鮮卑 | 五世紀 | 拓跋珪 | 北魏 |
| 第三興盛時期 | 契丹 | 十世紀 | 耶律阿保機 | 遼 |
| 第四興盛時期 | 蒙古 | 十三世紀 | 成吉思汗 | 蒙古帝國 |

以往蒙古人趁著居住在黃河流域的漢人政局混亂或衰弱時，不斷反覆侵略與掠奪。蒙古人藉著侵蝕中國經濟圈，而讓自己變得更加強大。

不過，蒙古人慣用的「侵蝕中國戰略」被完全放棄是在十三世紀。成吉思汗所率領蒙古人成功地打造全新的獲利結構。成吉思汗把當初散亂的蒙古部落全部集合起來，並一齊征服世界、完成霸業。那麼成吉思汗的勢力一開始是如何培養起來的呢？

十一世紀以後，歐亞大陸沉浸於好景氣當中，歐洲由於十字軍東征而展開了與東方的貿易，中國的宋朝則採取重商主義，在經濟條件如此活絡之下，作為東西貿易大動脈的絲路，便有了飛躍性的發展。成吉思汗因為掌握絲路，獲得了莫大的財富，進而形成蒙古帝國。絲路因為東西寬廣，蒙古人的騎馬隊便充分發揮效用，達成有效管理的目標。

撒馬爾罕是位於中亞中心的綠洲都市，對於想掌控絲路的人來說，也是個相當重要的據點。當時撒馬爾罕是由突厥人的花剌子模（Khwarazmian）王國所掌握。成吉思汗以巧妙的佯攻戰法消滅了

圖20-2　蒙古帝國的版圖

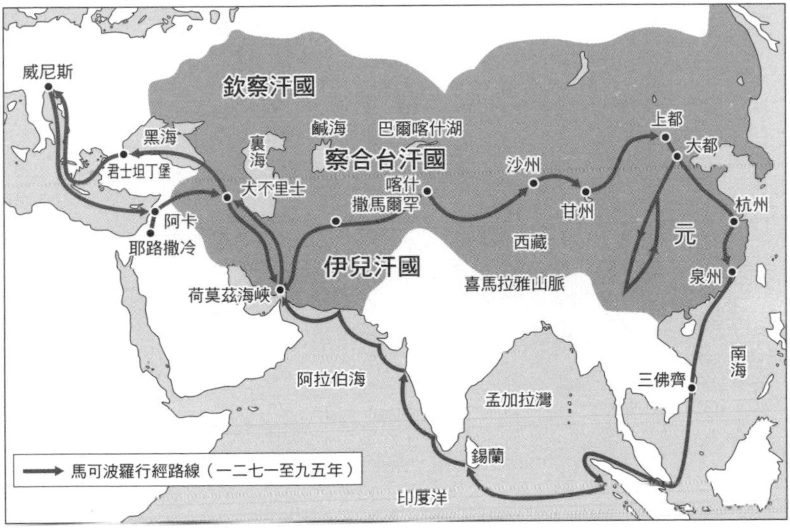


花剌子模王國，而取得撒馬爾罕。

之後，成吉思汗晚年也消滅了西藏人的「西夏」，整個絲路全境都囊括在他的手中。蒙古完全掌控了絲路，也因此有了豐厚的財富資源而急速成長。蒙古所屬的範圍相當廣大，包括了東歐、中東全區、阿富汗、西藏、緬甸、中國與朝鮮半島，總面積約有三千三百萬平方公里。

## ◇先進的運輸系統讓世界經濟一體化

蒙古人在掌握絲路以前，在絲路兩旁的各個國家與部落社會都是處於混亂的狀態，貿易的商人每次經過這些地區時，都會被課以通行稅與關稅。關稅的手續與申報相當繁複，商人們大多都要花上幾天滯留在某一個地方處理通關事務。

然而，蒙古人卻一掃這些沒效率的方式，只在商品最終的交易地，制訂低廉的交易稅，課以商品價格的三十分之一（百分之三點三三），廢止通行稅與煩雜的關稅。

而且各項稅收是採以萬國通用，並具有價值的銀，使稅收系統共通化。蒙古建構了銀本位的經濟體系，讓以銀為基礎的全球化投資經濟與保證金的交易更加活絡。

此外，蒙古在絲路上每間隔數公里處，會設置驛站，也就是有守衛與客館，以保障絲路商人們的安全。因此，遭到盜賊攻擊的情形急遽降低，商隊貿易、商業網的運作愈發活躍。驛站間以接力傳遞的方式迅速流通消息，當絲路沿線發生事情時，蒙古騎馬隊便能以其自豪的高機動力，立即前往處理。

蒙古人並未受到老舊價值觀束縛，而是以絲路作為媒介，構築先進的物流系統，使世界經濟變成一體化。

蒙古人雖然建立起了史無前例的全球規模帝國，但也依然保留著殘暴一面。成吉思汗曾對親信說：「人生最大的快樂就是擊敗可恨的敵人，奪取他的錢財，並在他的面前凌辱他的妻子與女兒。」十九世紀時，歷史學家多桑（Abraham Constantin Mouradgea d'Ohsson）[1]在其著作《蒙古史》中就曾詳細分析成吉思汗的氣質。

蒙古人在歷史上對於中國來說，是一支以掠奪為本業的民族。掠奪這種性格想必早已跨越世代，深深滲入蒙古人的基因裡了。

## ◇韃靼人被稱作「地獄的使者」

成吉思汗去世之後，蒙古的勢力仍舊持續壯大。其子孫在各地都掌握權力，分別統治歐亞大陸。

成吉思汗之孫拔都是征討歐洲的總司令官，曾遠征東歐。他攻打莫斯科與基輔，以壓制俄羅斯，而其分支也侵入波蘭。

波蘭人面對突然從東方來襲的蒙古勢力，根本來不及即時迎戰，街道陸續都被蒙古軍所蹂躪。

在中世紀歐洲曾出現一個傳說。十一世紀之後，歐洲人編列了十字軍，與穆斯林對戰。而在位處遙遠東方世界的基督徒國度，其領袖祭司王約翰（Prester John）曾支援過十字軍。

十三世紀時，歐洲人以為突然從東方襲來的蒙古軍團，就是祭司王約翰的軍隊。當蒙古軍團進攻俄羅斯之際，開始大肆破壞、掠奪城鎮，這些事也有人報告給了羅馬教皇等歐洲領

---

1　譯注：多桑，一七七九至一八五一年，亞美尼亞人，曾擔任瑞典王國的外交官。他用法文寫成《蒙古史》，一共四冊。一八二四年出版第一冊，並於一八五二年完成。

袖。然而，這些領導者卻認為俄羅斯的城鎮會被破壞，是由於俄羅斯人不信奉羅馬天主教，而改信東正教才遭受惡果，仍相信這就是祭司王約翰的軍隊沒錯。

但是，當蒙古軍團入侵天主教區的波蘭，展開掠奪行動之後，這些領導者們才總算認清楚事實。

一二四一年，波蘭與德國聯軍在波蘭的列格尼卡東南方迎擊蒙古大軍卻慘敗。之後，該地點便被稱為「Wahlstatt」（德語），意思是「屍體之地」。

敗戰的消息很快傳到全歐洲，而使得全歐洲陷入極度的恐怖之中。歐洲人稱蒙古人為「韃靼人」，這個「韃靼」就是希臘語「地獄」的意思，也就是由「Tartarus」而來的。

## ◇蒙古人輕視中國人

忽必烈在兄長蒙哥汗（第四代可汗）去世後，獨自開創忽里勒臺大會[2]，就位為大可汗，於一二六四年定大都（今日的北京）為帝都，並取了中國風格的國號為「元」。忽必烈在一二七九年消滅南宋，而統一了中國。

元朝的領土擴及中國周邊的蒙古、滿州、西藏、朝鮮（高麗）、緬甸等地。忽必烈為了要進攻日本，曾於一二七四年的文永之戰與一二八一年的弘安之戰，兩次出兵攻打日本，但皆遭暴風雨的阻撓，許多軍船都被擊沉，以失敗作收。除了日本之外，忽必烈也曾派遠征軍至越南與爪哇島等地，一樣也是失敗收場。

元朝由於盛行海上貿易，因此港灣都市的杭州、泉州與廣州的發展相當繁榮。義大利的馬可波羅在著作《馬可波羅遊記》稱杭州（臨安）為「行在」、泉州為「剌桐」，並描述了這些地區的繁華景象。

元朝社會採行蒙古人至上主義，將人們分為蒙古人、色目人、漢人與南人。屬於統治階級，能擔任官僚的只有蒙古人與色目人。色目人是中亞或伊朗出生的異族；漢人是居住華北地區的中國人；南人則是曾受到南宋統治的中國人，也是深受歧視的族群。

蒙古人在中國的人數較少，漢人與南人的人數加起來約占了總人口的九成以上。蒙古人捨棄了中國用來錄用官吏的基準——科舉制度，輕視中國自有的儒家文化。這是與之後的清朝最大差異之處。清朝尊重儒家文化，對於中國人積極施展懷柔政策來安撫民心。

清朝在一六四四至一九一二年，一共統治了中國約有兩百七十年，反觀同為外族統治的元朝，其統治期間為一二七一至一三六八年，總共不到一百年而已。

2　譯注：古代蒙古及突厥民族的一種軍政議會，負責推舉部落的可汗或其他長官。

## ◇土耳其人阻止蒙古人的快速進攻

蒙古人在西方也有進展。忽必烈之弟旭烈兀於一二五八年，占領了巴格達，殲滅了阿拔斯王朝，而建立了伊兒汗國。不過，這快速的進攻並未維持很長的時間。在西方阻止蒙古人進攻的就是土耳其人。

土耳其人原本跟蒙古人一樣，是在蒙古高原過著放牧生活的騎馬民族。九至十一世紀期間，離開了蒙古高原，往西席捲了中亞與中東地區，最終建立了塞爾柱王朝。

這次土耳其人往西移動，被稱為是亞洲民族的第一次民族大遷徙，而從十三世紀蒙古人征服世界開始，則是被視為第二次民族大遷徙。

早已統治中亞與中東地區的突厥人，在十三世紀蒙古人西征時，被迫不斷地往西邊遷移。在這期間，分散各地的土耳其人軍隊便在埃及、敘利亞大批集結，在當地建立了馬木路（Mamluk）克王朝。

馬木路克這字眼原本就是指土耳其軍人。馬木路克王朝是伊斯蘭最後的堡壘，並與蒙古人對抗。由於外在的威脅使得國內的勢力更加穩固，加強了馬木路克王朝的基礎，因而順利擊退了蒙古人。

這兩支分別住在蒙古高原的民族——蒙古人與土耳其人，卻在遙遠西方的中東地區一決

圖20-3　兩次亞洲民族大遷徙

| | | | |
|---|---|---|---|
| 第一次大遷徙 | 土耳其人 | 九至十一世紀 | 塞爾柱王朝 |
| 第二次大遷徙 | 蒙古人 | 十三世紀 | 蒙古帝國 |

雄雌，一想到實在是很有趣。馬木路克王朝在擊退蒙古人之後，勢力逐漸增強，而後續的鄂圖曼土耳其帝國也同樣興盛。

## ◇蒙古人的統治真的很殘酷嗎？

有句話說：「韃靼（蒙古）的枷鎖。」（Tataro-Mongol Yoke）韃靼一詞是由「地獄的使者」變化而來，指的就是蒙古人的意思。俄羅斯人因為遭受到蒙古人的苛政壓迫，所以才如此稱呼他們。

不過，包括俄羅斯在內，蒙古人在各地的統治事實上是採取穩健的手段，像是只要有繳稅，便享有宗教自由。蒙古人也實行間接統治，下放權力給當地的大人物，讓地方自治。此外，在俄羅斯等地，自由貿易也獲得允許，比起俄羅斯統治時代，蒙古政權相對來說還比較自由一些。

十五世紀末，俄羅斯人為了要聚集國家（莫斯科大公國）的向心力，必須極盡煽動民族意識，因此經常使用「韃靼（蒙古）的枷鎖」的一詞。

在中東地區，蒙古人非常崇敬擁有先進文化的伊朗人，積極包容伊朗文化。因此還任用伊朗人拉施德丁（Rashid-al-Din Hamadani）作為宰相，對伊朗人採取懷柔政策。拉施德丁對蒙古人建構全球化的世界體系一事，編撰了

《集史》（*Jami al-Tawarikh*），在書中詳細記載當時的情形。一二九五年，蒙古人改宗轉而信奉伊斯蘭教（遜尼派）。

蒙古人對各地實行寬容的共榮政策，但當中唯一例外便是排斥中國與中國文化。蒙古人是奉行理性主義的民族，他們認為中國文化中的儒教不僅狹隘，還過於守舊，所以無法認同與接受。

忽必烈甚至將漢字排除在國家的官方文字以外。忽必烈相當保護藏傳佛教（喇嘛教），並視其教主八思巴為國師，還讓他以西藏文字為基礎，創造八思巴文字，來作為官方語言。

Chapter 21

# 爲什麼滿州人掌握霸權？

## ◇蓄積龐大財富的滿州人

如果觀賞中國歷史電影，一定能看到「薙髮留辮」這個獨特的髮型。也就是剃除前面的頭髮，將後方留長的頭髮綁成辮子。這個「薙髮留辮」是滿州人最具代表的特徵。從現代人的眼光來看，實在是很奇妙，但對滿州人卻是相當重要的習俗。日本的月代頭[1]也是挺奇妙的，武士將其視為重要的習俗，只要想到這點，也就見怪不怪了。

滿州人自古以來，不只滿州，也曾去到朝鮮半島，建立過類似高句麗、高麗的國家（參考第七章）。

1　譯注：俗稱武士頭，日文是ちょんまげ，也就是剃光由前額側至頭頂的頭髮，使頭皮露出呈半月形。

圖21-1　互市貿易的物流系統

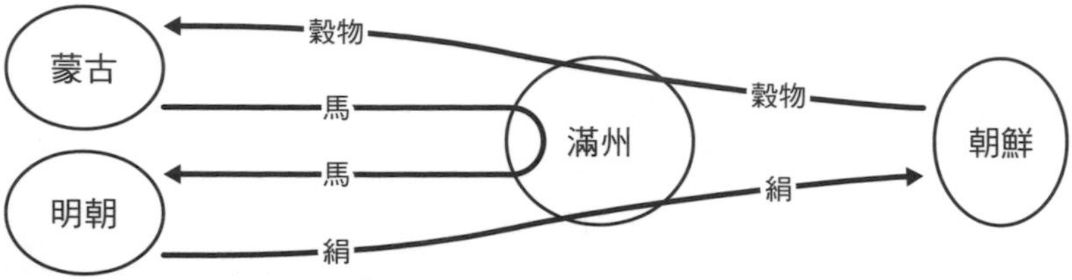


他們也曾來到中國，於十二世紀建立了金朝。然而，最終滿州人建立了超大帝國，也就是中國的清朝。清朝一六四四年，結束於至一九一二年，持續約兩百七十年。為什麼位處在中國東北邊境異民族滿州人，會掌握霸權統治中國呢？

滿州人當中有一支稱為「女真」，是居住在滿州北部的部落。女真是滿州語 jušen 的替代漢字，意思是指「人民」。十二世紀初，女真族統一了滿州各部落，建立起金朝，並跨越萬里長城，消滅了北宋，進而統治了中國的北半部。然而金朝卻在十三世紀被蒙古人所滅。

之後，滿州人便受元朝（蒙古人）與明朝（漢人）的統治。將近三百年間，滿州人主導了「互市貿易」，這可看成是異民族之間的民間商業交易活動，因而積聚了不少財富。滿州位處在蒙古人、漢人與朝鮮人三者勢力的交集點，形成物流據點，集結了人、物、財三要素。

十四至十五世紀，明朝與北方的蒙古人發生大大小小的激烈戰爭，在兩國斷交的時候，兩方軍備物資便藉由滿州人的「互市貿易」來調度。「互市貿易」是民間商業活動，它作為中介的交易場所，供給兩方所需物資，充分發揮貿易功能。當明朝與蒙古人的戰爭愈發激烈，以軍備物資為主的交易就愈活躍，其獲利也節節高升。

## ◇滿州人是如何拉攏蒙古人的？

滿州人靠著「互市貿易」所形成的獲利結構奠基實力，漸漸勢力壯大。一六一六年，通古斯系滿州人統一全部落，以遼東半島北部的瀋陽為首都。

到了一六三〇年代，一個大好機會降臨在滿州人身上。在蒙古各方勢力中，有一位野心很大的領導者林丹汗[2]，他自稱是成吉思汗轉世，目標是一統分裂的蒙古部落。當時各蒙古部落採取的是和緩的結盟策略，並不互相干涉彼此的事務，但林丹汗卻反其道而行，強行壓制各部落的行動，以至於有些部落因林丹汗的介入而毀滅。

一六三四年林丹汗病死後，反林丹汗派的部落一齊發動叛亂，使得蒙古人分裂。而支援反林丹汗派蒙古人的就是滿州人。當時滿州人的統治者是皇太極，他為動亂提供支援，以換取蒙古領導人的可汗之位。

2 譯注：另被稱為丹巴圖爾臺吉、虎墩兔。

這時候，皇太極成功獲取蒙古人將近一半的勢力，讓滿州人的勢力更加壯大（順道一提，剩下一半的蒙古人勢力，是由之後清朝第四任皇帝康熙來鎮壓）。一六三六年，皇太極把國號定為「清」，創建了清朝。

此外，滿州人能順利拉攏蒙古人的勢力，最大的原因是，他們選拔人才的制度是以實力主義為本。

滿州人有編列名為「八旗」的大規模軍團。滿州人支付金錢，積極地吸收蒙古人進入他們軍團。若是蒙古人成為八旗當中的一員，就可以得到穩定的俸給。八旗的人事制度是以實力為考核標準，跟身分與血緣無關，只要有功績就可以往上升級。八旗一如其名，分成八個軍團，彼此間展開競爭，有功績的軍團能得到公正的評價。

以血緣為本的部落社會讓人深感封閉，但此制度讓那些有實力的蒙古人獲得了活力，也激勵他們進一步加入了滿州人的軍團。八旗打破古代部落社會的限制，帶給蒙古人的是革命般的劇烈衝擊。

## ◇「野蠻人荒謬好笑的髮型」

滿州人拉攏蒙古人的勢力之後，於一六三七年再征服了朝鮮。之後他們命朝鮮籌措大量的兵餉，如此一來便有能力跨越長城與明朝（漢人）開戰。

當時陝西發生了因旱魃[3]而引發大規模的叛亂。同時間明朝又被滿州人的入侵逼到走投無路，無法再分出軍力去鎮壓叛亂。因此反叛軍的勢力逐漸壯大，便於一六四四年一舉消滅了明朝。

而滿州人一方面支援被迫逃亡的明朝軍隊，另一方面也打垮反叛軍而進入了北京。滿州人趁著中國混亂的局勢，以最快的速度成功地攻占了中國。之後，到了十七世紀後半，在康熙皇帝統治的時期，統一了全中國。

自十四世紀以來，蒙古人與明朝發生幾次激烈的戰爭，戰亂連年，導致國力萎靡，失去了力量。而在十七世紀前葉，兩大勢力皆發生了內亂，造成自身分裂。滿州人便是在這中間伺機而起的第三勢力，他們巧妙地利用了兩方的內部鬥爭，同時收歸自有，而建立了清朝，最終掌握霸權。

滿州人對所有的人民，包含漢人及蒙古人等強制實施「薙髮留辮」制度。如果不服從此命令，便會遭受刑罰，看是要選擇剃髮還是掉腦袋。那些自尊心超高的漢人名士嘲笑「薙髮

3 譯注：傳說中旱魃一旦出現，必定伴隨著大旱。魃最早記載於《山海經》中，她是黃帝的女兒，是不受人類喜愛的旱災之神。天女魃擁有致旱的神力而協助父親打贏戰爭，卻被父親和眾神遺棄在人間，無法回到她位於天上的家。而在《神異經》的描述中，魃是一種眼睛長在頭頂上，只有一隻手一隻腳，外貌似獸的怪物。只要魃經過的地方，就會讓草木枯萎，河池乾涸。

留辮」就是「野蠻人才有的荒謬好笑髮型」。有人曾說如果要受這種剃髮的恥辱，倒不如選擇一死，因此出現了不少為此自殺的人。

「薙髮留辮」被當成是否接受滿州人統治的一種思想確認手段，因此清朝政府對於不順從者是不會輕易放過的。不過在另一方面，清朝對於儒教等漢人文化相當尊崇，還極力宣揚。在指派中央官僚時，清廷曾採取滿漢複職制，滿漢人數各半，對於漢人也實行懷柔政策。

在清朝時期，滿州人與漢人、蒙古人一口氣進行三大族群混血。雖然在中世紀這些民族也彼此混血過，但清朝塑造了一個更巨大的文化圈，藉由民族融合政策，加速了混血交流。

## ◇臺灣的原住民不是中國人

滿州人建立的清朝，比起中國其他任何朝代都更加強大。因此其統治版圖也是最為寬廣。清朝占領了以往朝代從未統治過的地方，像是臺灣、外蒙古（蒙古高原）與西藏等地。

首先，我們先來看臺灣的情況。

今日，我們把臺灣人視為中國人的其中一支，但是本來臺灣的原住民並非中國人。臺灣原住民是屬於從菲律賓、印尼與馬來西亞移居而來的南島語系民族，居住在中部、東部的山岳叢林地帶，形成多個部落社會。現今臺灣在山區仍存在流有原住民血統的後代。

在清朝之前的中國朝代，不曾占領過臺灣。那時候的臺灣是由茂密的森林而形成一片蓊鬱景象，沒有人發現她的價值。到了十六世紀，日本的海盜（倭寇）認為臺灣具有戰略地位的價值，設置了據點，著手進行開發。在大航海時代，荷蘭入侵臺灣，並在臺南建立了熱蘭遮城。

十七世紀中葉，明朝遺臣鄭成功這名漢人，逃亡到臺灣，驅逐荷蘭的勢力後，便在臺灣建立了政權。當時不願受清朝統治的漢人也大量移居臺灣，使得臺灣逐漸中國化。

一六八三年，清朝的康熙皇帝攻打臺灣，消滅了鄭氏政權，把臺灣併為其領土。因此，從中國移居臺灣的人數激增，原住民被驅逐到偏僻的地區，也半強迫地被要求接受中國文化。在清朝的中國同化政策下，十八世紀有大多數臺灣原住民的部落也都消失不見了。

臺灣本來不屬於中國人的居住範圍。中國人開始移居時，臺灣才被納入中國語言圈，期間也不過只有三百五十年的歷史而已。

## ◇為什麼西藏人會屈服在中國人之下？

康熙皇帝曾進攻蒙古高原，平定了外蒙古的喀爾喀蒙古族，擴大其版圖。十八世紀時，乾隆皇帝（一七三五至一七九五年在位）君臨天下的時期，是接續康熙、雍正兩帝的清朝全盛時期。乾隆皇帝積極地對外征戰，擴大清朝領土範圍。當時乾隆征服了蒙古的準噶爾地區、中亞東突厥斯坦的維吾爾人居住區，並把這些地方命名為「新疆」，意思是指新的土地，

圖21-2　清朝的領土

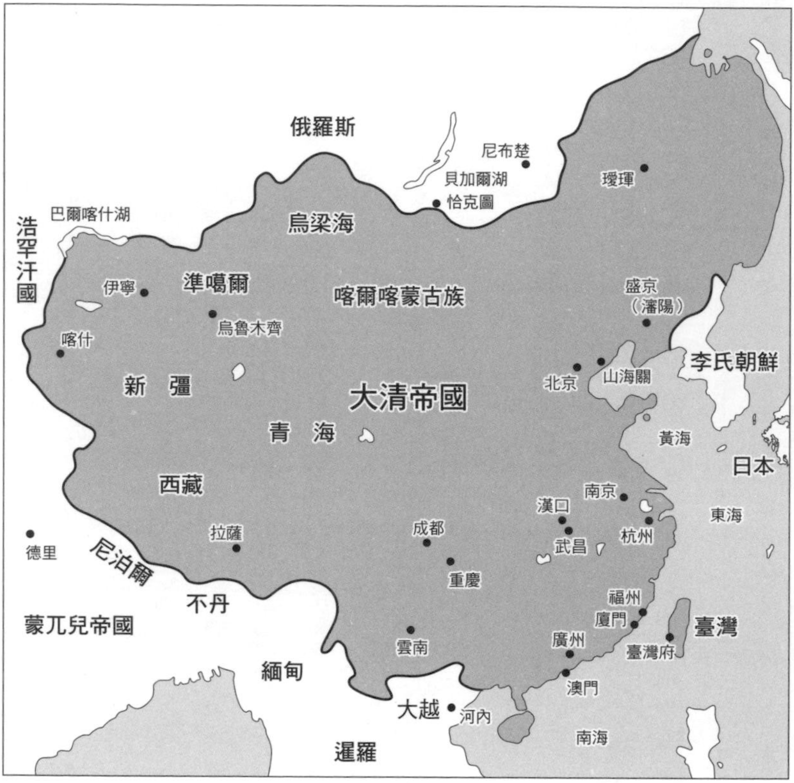


即為現在的新疆自治區，但與西藏一樣，如今都有人展開運動，要求從中國獨立。

自達賴喇嘛五世去世後，西藏陷入一片混亂。一七一七年，屬於蒙古人的準噶爾族侵略西藏，因此西藏人便向乾隆皇帝尋求庇護。乾隆皇帝在出兵討伐準噶爾族的同時，也合併了西藏。當時西藏由於遭受蒙古人的蹂躪對待，已無力反抗清朝勢力，也只能被歸屬在清朝之下。之後，西藏再也無法從中國獨立出來，直至今日。

西藏人自古以來就是分布在山岳獨立自主的騎馬民族，並未屈服於中國。四世紀時，西藏人曾在華北（中國北部）建立自己的國家「前秦」。就連當時強盛的唐朝，也打不過西藏人，事實上還認可他們的存在（稱呼他們為吐蕃）。

到了十三世紀，西藏人被成吉思汗征服，而附屬在蒙古人的元朝之下。從那時候起，西藏人便失去了原有的強大勢力。十四世紀，西藏人想趁元朝勢力衰弱時獨立，卻陷入不斷分裂與混亂的狀態。就在這樣不穩定的情形下，在十八世紀又附屬在清朝之下。

一九一二年清朝崩解，當時正是西藏獨立的大好時機，然而卻遇到絆腳石，孫文與蔣介石的國民黨政府標榜「一個中國」的理念，不承認西藏獨立。一九四九年，毛澤東建立中華人民共和國之後，人民解放軍入侵西藏，大舉虐殺被視為叛亂分子的西藏民族主義者，並鎮壓西藏。中國政府與西藏之間的紛爭一直延續至今。

## ◇民族國家主義把清朝逼到絕路

十八世紀時，在位的是乾隆皇帝，他出兵攻打越南與緬甸，使兩地某些地區成為清朝的藩屬地。清朝是個多民族國家，統治階層以滿州人為主，而人民則是由各種不同民族組成，這也是今日中國的原型。清朝設有一個名為「理藩院」的機構，負責統轄周邊區域（藩部）與統治廣大土地的各民族。

隨著周邊領土擴張而來的，便是軍事費用的顯著增加，因此在乾隆統治末期，清朝財政已陷入困難的局面。為了統治領土，需要許多人力，因而導致官僚機構肥大化，其產生的人事費用更加重了財政的困境。

到了十九世紀，清朝因財政困難，造成國家的運作停擺。清朝自身建構的巨大國家體系，卻反過來成為壓垮自己的稻草，使整個帝國踏上衰退一途。

在國家陷入混亂期的時候，總會有民族主義者趁勢興起。由於清朝是個多民族國家，這現象更加顯著。民族主義者以民族國家主義之名，積聚人民的不滿，進而引發暴動。

洪秀全就是出現在清朝混亂期的民族主義者。一八五〇年，大饑荒爆發，洪秀全在廣西省金田村與民眾一起發起武裝暴動，建立了太平天國，並與清朝對抗。一八五三年，他占領了南京，統治了中國南部一帶。有將近數百萬名的民眾醉心於洪秀全的領導，雖說是種盲信，但可見洪秀全具有驚人的領袖魅力。

當時，洪秀全是打著「滅滿興漢」的口號。所謂「滅滿興漢」是指消滅滿州人建立的清朝，復興漢人的王朝，這是相當狹隘且頑固的民族國家主義。當時的中國，必須得聯合國內多民族齊聚一心，團結對抗侵略中國的列強才對，然而洪秀全卻特意宣稱要「滅滿興漢」，而直接使中國內部分裂，使得國勢更加衰微。

由少數民族滿州人掌權的清朝，會成為民族國家主義者最明顯的攻擊對象，是必定的宿命，也是逃不了的事實。地方各族的民族主義意識高漲，直接造成多民族國家的統治分裂。無論是多麼巨大的體系，一旦面臨這種四分五裂的破壞力，必定會立即瓦解。

洪秀全的「太平天國」不僅展現了民族國家主義，還有戰略地直擊清朝最脆弱的核心部分。他們雖然帶給清朝劇烈的衝擊，最終仍被鎮壓下來。然而，經過這事件之後，清朝也失去了維持龐大帝國體制的力氣，因而成為列強的目標，不久也將迎向崩壞。

Chapter 22

# 維持三百年民族和平的矛盾與代價

## ◇世界上最美麗的民族是？

世界上最美的女性是出現在哪一個國家或地區呢？

我想這問題的答案有很多不同的見解。我個人認為巴爾幹半島地區的女性，是有著出類拔萃之美，當中包含克羅埃西亞人與塞爾維亞人等舊南斯拉夫人，以及保加利亞人、希臘人、羅馬尼亞人和阿爾巴尼亞人等巴爾幹半島民族。

為什麼這地區的女性會長得如此美麗呢？一般來說是因為這地區產生了許多混血兒。巴爾幹半島位處亞洲與歐洲交界處，被稱為是「人種的熔爐」，混雜了各種民族。混血兒承襲了各民族的優點，便形成了遺傳性的美貌。巴爾幹半島的女性果真是凝聚了歐洲白種人與亞洲人兩者的美麗特徵。

現在就以巴爾幹半島為中心，來看這些美麗又有多國籍的人們其歷史背景吧。

**圖22-1　巴爾幹半島周邊的國家**

達達尼爾海峽與博斯普魯斯海峽被巴爾幹半島、安那托利亞半島包夾，是歐洲與亞洲的分界線。自古以來，該地區就是東西貿易的要塞，受到拜占庭帝國（東羅馬帝國）的統治。拜占庭帝國在該海峽的北側設置了首都君士坦丁堡。

十三世紀初，威尼斯商人覬覦東西貿易的利益，與十字軍共同計畫攻擊君士坦丁堡，而拜占庭帝國便因此崩壞。之後拜占庭帝國無法管束在巴爾幹半島上的各民族，引發民族不斷地分裂，整個地區呈現一種封閉的狀態。

這兩百年間，巴爾幹半島依舊持續封閉，而打破這窘況的是外來勢力鄂圖曼帝國。鄂圖曼帝國攻陷君士坦丁堡，殲滅了拜占庭帝國，而成為巴爾幹半島的霸主。其後君士坦丁堡改名為伊斯坦堡，成為鄂圖曼帝國的首都。

## ◇多民族協調主義是由鄂圖曼帝國制定

鄂圖曼帝國是發源於安那托利亞半島的國家，被稱為「鄂圖曼土耳其帝國」。他們原本就是由土耳其人統治的國家，不會自稱自己是土耳其國家。鄂圖曼帝國是個多民族的伊斯蘭教國家，隨著帝國的發展，其統治階級也聚集各種民族出身的人，形成了一統的伊斯蘭國家。「鄂圖曼土耳其帝國」由於是外部人起的稱呼，最近已經不常使用，現在一般都稱之為鄂圖曼帝國。

鄂圖曼帝國採取多民族協調主義來將各民族統合在一起，實行管理。在伊斯蘭文化圈這邊有土耳其人、阿拉伯人、伊朗人、庫德人、亞美尼亞人和蒙古人等。對於巴爾幹半島上的基督徒（白人）展開寬容的共存政策，承認他們有信仰的自由。

鄂圖曼帝國對穆斯林以外的異教徒，成立了一個名為「米利特」（Millet）的宗教共同體。在米利特中，希臘正教會教徒、亞美尼亞教會教徒與猶太教徒等，都能確保其信仰的自由。然而相對地，異教徒也必須承擔納稅的義務，間接顯示對於鄂圖曼帝國的忠誠。

鄂圖曼帝國在人才錄用上也採取民族融合的方式。如果巴爾幹半島的白種人（歐洲）

圖22-2　鄂圖曼帝國的領土

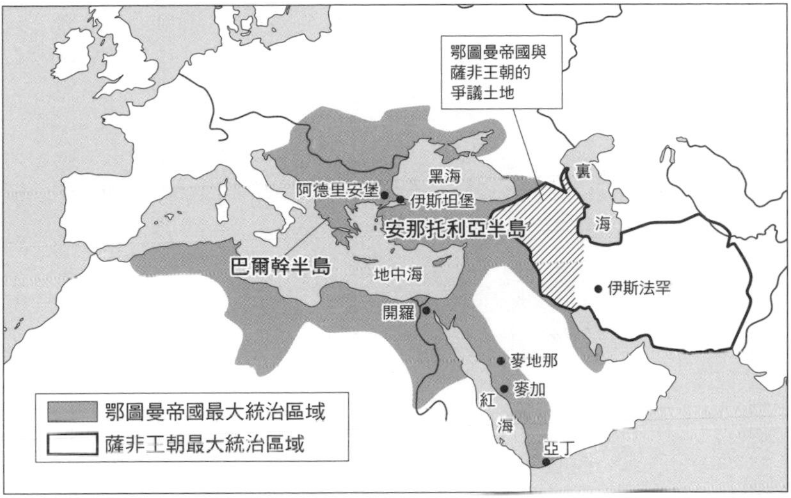


基督徒，願意讓孩子改信伊斯蘭教，便對孩子施予英才教育，當孩子長大成人後，表現優異者將錄用為官僚或軍人。雖然這些雙親不捨孩子被帶到鄂圖曼帝國去，卻也期待未來能被帝國錄用成為上流統治階層，而給予支持。此外，若基督教的孩子成為人才，其所屬的米利特便能享受免稅等優惠措施。

## ◇混血融合民族「鄂圖曼人」的誕生

鄂圖曼帝國積極聘用之前在拜占庭帝國統治下的希臘籍造船專家，以組織大型艦隊。造船廠設置在達達尼爾海峽靠近歐洲的沿岸，以及安那托利亞半島北邊的黑海沿岸。

另外，帝國也積極聘用巴爾幹島的基

督徒（白人），以協調該族的事務。

鄂圖曼帝國將主要的根據地設在被稱為歐洲與亞洲的「文明十字路口」——巴爾幹半島與安那托利亞半島兩半島上，以求跨越民族與宗教的歧異，締造共存共榮的生態圈。在鄂圖曼帝國所創造的共存圈中，誕生了一個融合各民族的全新混血人種「鄂圖曼人」（Ottoman Turks）。本節開頭提到的美麗女性，就是「鄂圖曼人」的後裔。

巴巴羅薩．海雷丁（Barbarossa Hayreddin）是率領鄂圖曼艦隊的人物。海雷丁出生在希臘，父親是亞洲人，為鄂圖曼帝國的武將，同時是個穆斯林；母親是歐洲人，是位基督教徒。海雷丁會說六個國家的語言，可說是個國際人，也是在鄂圖曼帝國的民族與宗教融合政策下所誕生的典型人物，

海雷丁以前曾經和他兄弟一樣是海盜，經常侵略突尼西亞與阿爾及利亞的沿岸都市，勢力相當龐大，卻受到鄂圖曼帝國的蘇丹（皇帝）蘇萊曼一世的招攬，歸順於鄂圖曼帝國。之後海雷丁即成為鄂圖曼帝國的海軍提督，於一五三八年在普雷韋扎海戰中擊破了西班牙與威尼斯的艦隊。

因此，鄂圖曼帝國掌握了制海權，建立了足以匹敵古代羅馬帝國的地中海帝國。

在海雷丁底下有位西班牙裔猶太人的海軍上將席南．萊斯（Sinan Reis），也是擁有多國籍的身分。他們這類有多重國籍者被視為是「鄂圖曼人」，而在鄂圖曼帝國找到了活躍的

舞臺，能一展長才；鄂圖曼帝國也因為各民族能夠共存，使得國勢愈發繁榮。

## ◇民族對立出現在「文明的十字路口上」

鄂圖曼帝國的統治範圍從巴爾幹半島至中東地區，位於各民族交會的「文明十字路口」上。帝國由於順利地實行了共存政策，因此國內各民族的對立與矛盾並未浮上檯面，直到十八世紀為止仍處在被稱為「鬱金香時代」的和平時期。

但在十九世紀之後，歐洲由於盛行民族主義，而鄂圖曼帝國也受到該風潮的影響，因此潛藏在檯面下的民族暗流一口氣爆發出來，而成為民族對立最激烈的區域。

鄂圖曼帝國中的阿拉伯人在阿拉伯半島與埃及宣告獨立，之後從希臘開始，巴爾幹半島的各民族也紛紛脫離獨立。而英國等列強則把手伸進鄂圖曼帝國獨立出去的阿拉伯地區與巴爾幹半島，讓整個事態變得更複雜，陷入迷茫的局面。

在巴爾幹半島上，塞爾維亞人、保加利亞人與希臘人彼此為了領土引發激烈的爭端（即巴爾幹戰爭）。在阿拉伯地區，則是各部落間的抗爭愈發慘烈。鄂圖曼帝國將近三百年的各民族和平局面，轉變為對立態勢，從這方面看來，長久和平之後的代價委實太過巨大。

「巴爾幹半島是歐洲的火藥庫」是句非常有名的一句話。一九一四年，巴爾幹半島上各民族間的對立，牽扯到其背後的列強衝突，進而引發了第一次世界大戰。這場戰爭也波及到

圖22-3　第一次世界大戰後阿拉伯人的領土畫分

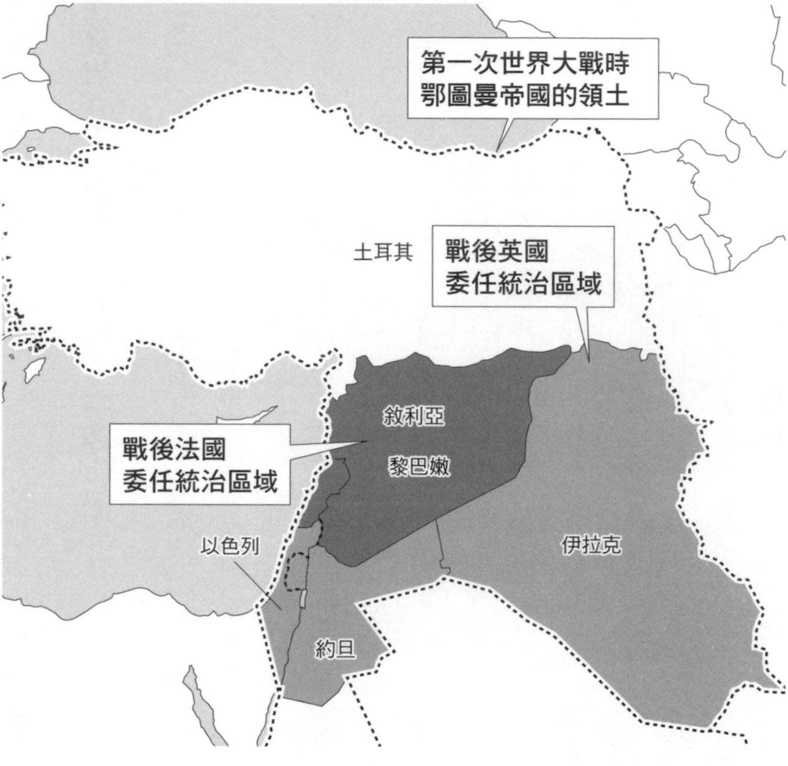


阿拉伯地區，成為大戰場之一。

第一次世界大戰之後，英國與法國簽署了《賽克斯－皮科協定》這項密約，據此單方面地恣意在阿拉伯人區域畫定國界，區分成巴勒斯坦、伊拉克與約旦（以上實質上為英國統治區域），以及敘利亞、黎巴嫩（以上實質上為法國統治區域）等國家。

## ◇何謂「庫德人」？

英法兩國在阿拉伯人地區隨意畫分的這項舉動，造成了某個民族的分裂，那便是阿拉伯人的其中一支——庫德人。

庫德人擁有自己獨立的文化與語言，人口廣泛分布於土耳其、伊拉克、敘利亞與伊朗。現在庫德人的人數約有三千萬左右。

在伊拉克的庫德人自治區「伊拉克庫德斯坦」（Iraqi Kurdistan）的人口約五百萬人，其首府艾比爾（Erbil）因為開採石油所帶來的利潤，而急速開發，被稱為「伊拉克的杜拜」。

二〇一七年九月二十五日，伊拉克庫德斯坦的居民舉行公投討論是否獨立，結果有百分之九十二點七三的人民贊成獨立。然而，伊拉克政府為了要牽制庫德人的獨立運動，便攻打由伊拉克庫德斯坦實質統治的石油都市吉爾庫克（Kirkuk），造成動亂。

伊拉克庫德斯坦在二〇〇三年伊拉克戰爭之後，開始出現獨立運動。但庫德人為了協助伊拉克政府打擊伊斯蘭國（IS），便把獨立運動往後延，直到二〇一七年伊斯蘭國的總部摩蘇爾（Mosul）被攻陷之後，他們才又積極展開獨立運動。伊拉克向來不斷刪減或停止撥給伊拉克庫德斯坦預算，至此不再給予庫德人任何禮遇。對此庫德人產生激烈反彈，勢必引發對立的局勢。

圖22-4　庫德人的居住區域（庫德斯坦）

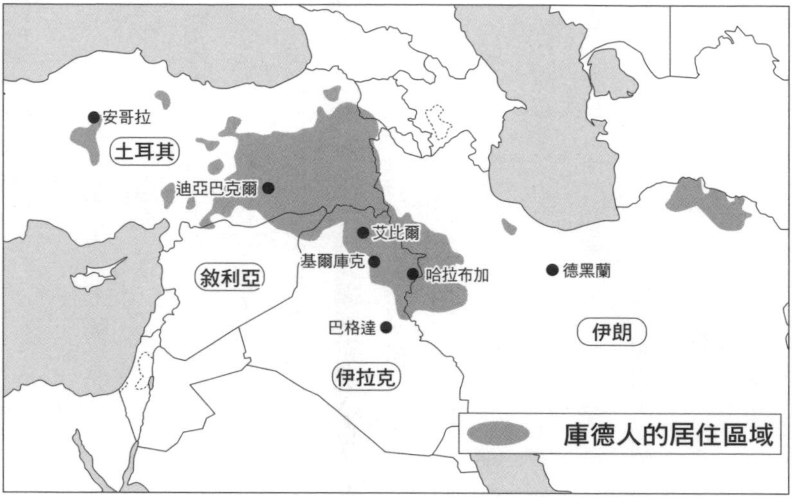


在歷史上有名的庫德人，是活躍於十二世紀的民族英雄薩拉丁（Saladin，其全名為 Ṣalāḥ ad-Dīn Yūsuf ibn Ayyūb）。自古以來庫德人擅長打仗，被認為是最頑強的戰鬥民族，尤其薩拉丁更是一位戰略天才。

當時穆斯林商人給予薩拉丁財力支援，使其軍隊壯大，而薩拉丁也完成商人們的期待，統一敘利亞與埃及一帶，建立了埃宥比（Ayyubid）王朝。埃宥比王朝王朝以開羅為首都，因地中海貿易而繁榮。

自薩拉丁的時代開始，庫德人的戰鬥能力便相當高超。就連今日在掃蕩伊斯蘭國的行動中，庫德人部隊的鮮明表現也備受矚目。

庫德人要求主權獨立這件事，不僅是

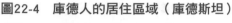

伊拉克，對於庫德人居住的所有其他地區，包括土耳其、敘利亞、伊朗等，都是不可忽視的重大問題。

# 第八部
# 由民族血統所敘述的世界

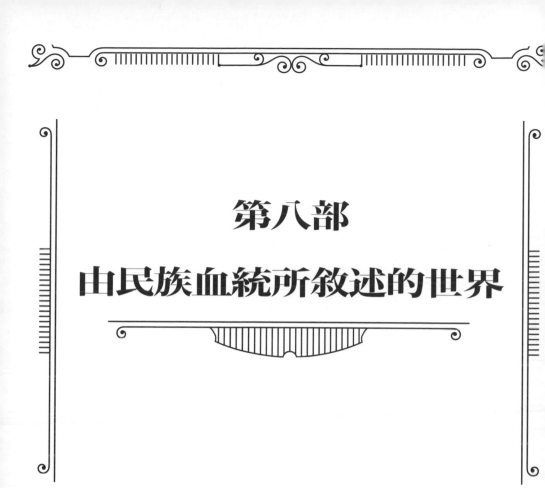

# Chapter 23

# 受到全球主義侵蝕的「民族國家」

## ◇建立在共同律法之上的「主權國家」

近來關於「民族國家」（nation-state）的書籍、文章很多，討論也很熱烈。目前世界情勢正朝全球化邁進，人們的目光不僅向外看，也朝內檢視，而再次讓我們重新檢視民族國家的存在。

從英國想要脫離歐盟這件事，便引發了人們對「民族國家」的關注。此外，各國民族主義的高漲也與民族國家有很大的關聯。

「民族國家」其實是個相當難以釐清的概念，除了其解釋的範圍非常廣大外，還有各種不同的解釋。即便只是看概要說明，也都只是些冗長且抽象的敘述，有種愈讀愈搞不清楚的感覺。本章將以「民族」為主軸，從頭來仔細說明「民族國家」的概念。

十六至十七世紀時，歐洲在貨幣經濟的發展下，因為市場的擴張，而形成廣大的經濟圈。

在中世紀，領邦與城市都僅有區域性的點狀發展，直到近代才有平面性的擴張情形。因為要加速經濟成長的話，不可或缺的就是投入大規模資本、獲取高收益的統一市場。

形成統一市場時的一大問題，在於要以什麼為基準去作為統一要素。人們從民族、語言、文化、傳統與共同體等擁有所謂同質性的事物中尋找，作為統一化、共通化的名目。只要這名目的性質相同，不管是什麼要素，只要能構成基礎，在統一市場下能得到最大利潤即可。

在同樣的層級下，符合作為同質性的基準而結合的團體，就稱為「主權國家」。主權國家是形成民族國家的前一個階段，像西班牙、英國與法國就屬於這一類。法國（波旁王朝）國王路易十四世曾說「朕即國家」這句名言，這裡說的「國家」就是指主權國家。

主權國家在民族、語言、文化、傳統與共同體等具有某種程度的同質性，但並不一定要完全相同。擁有主權國家性質的王國，經常會侵略或合併其他地域，作為「領土」，上頭會聚集各種不同的民族，其語言、文化及傳統風俗也會有所不同。

但是在主權國家中，一定會有唯一相同的東西，那就是「律法」，因為它是以「律法」為共同的基礎而構成的一個整合體。

## ◇在主權細分下誕生的民族國家

十六世紀以後，歐洲人建構了近代資本主義經濟的基礎。為了要讓毛紡織等產品運輸更順利而修築了道路與港灣等公共建設，製造產品的工廠生產線也是在國家的主導下建造。

而且，比任何事物都還重要的是，整備法律體系，以訂立商業交易的契約及規則。因此，企業家與商人期待中央集權，並提供國王財政上強大的支援。國王組織巨大的官僚體制，以律法為基準，企圖使國家經營規模更大、更有效率。

十六世紀以後，人們摒棄舊時代那種以武力決定事務的價值觀，而構築了以法來保障生命與財產安全的政治社會。一個政治社會以一部律法為依歸，這成為近代國家的先驅——「主權國家」。

主權國家是由共有一套律法的人們集結而成的群體，當中各民族、語言、文化、傳統並未相同，這套律法或行政體系也無法適用於不同民族，時間久了問題便逐漸浮現。在這種情況下，各民族開始便想要有自己的律法，實行「主權細分化」，以掌控自主權。

十八世紀之後，因應這種「主權細分化」的單一民族國家需求，「民族國家」便誕生了。「民族國家」的英文是 nation-state。一般來說英文的 nation 是民族的、文化的事物；state 則是法律上、政治的。也就是說，nation-state 可以被定義為建立在民族固有文化（nation）上，具有主權與統治體系的國家（state）。

因此，從這個觀念來看，結論是，「民族國家」的目標是建立以單一民族組成的國家。

## ◇歸化的外國人可以算是「日本人」嗎？

「民族國家」雖然可能有民族多樣性與民族自主的畫時代理念，卻也失去了「主權國家」的包容性，更加速民族間的分裂。

比方說，在日韓國人如果已經歸化成日本人，取得了日本國籍，在法律上來說就是日本人，而在「主權國家」的概念下也是不折不扣的日本人。但若在「民族國家」的概念下，他們就不屬於日本人。民族國家是指由單一民族組成的國家，不容許有異族包含其中。

在歐洲，試圖往民族國家發展的，譬如英國，對於移民是非常抗拒的。

但另一方面，美國則是不問人種、民族，只要擁有美國國籍都可以算是美國人。像美國這類多民族國家，就不是民族國家。中國因為一樣是屬於多民族國家，也不是民族國家。

民族國家所認定的不是法律層面上顯示的國籍，而是國民是否為同一個民族。因此大多數的日本人會認為這本來就是「理所當然」。日本歷史就是單一民族國家的歷史，「國民」與「民族」經常都被看成一致的概念。日本人原本就有「民族國家」的思想，認為「日本人」就是擁有日本血統、血脈的人，而不是人工（即法律）上製造的國籍。但在世界各地（包括歐洲在內），民族不斷在多元混合，要讓各民族達成「主權細分」一直很困難，也因此產生了民族紛爭，而造成不少流血衝突。

我們再回頭看剛剛提到的在日韓國人的例子。現在按照日本法律取得日本國籍的在日韓國人便是日本國民，不受民族框架侷限。這也就代表日本不是純粹的民族國家。

雖然日本國民幾乎是由日本人這單一民族所組成，大體上可以說是個民族國家，但這並不是絕對的。就某種層面上來說，日本正試圖就各方面取得平衡。

今後日本的高齡化情況將更為嚴峻，如果勞動人口不足，勢必會被迫引進世界各地的移工。如此一來，日本人對於民族國家這項議題，無論如何，都必須從以上歷史的背景脈絡來好好思考一下。

## ◇「民族主義」並非危險思想

日本語的語感意涵相當豐富，所以單是「nationalism」這個字，就可以譯成三種不同的譯法。Nationalism 如果被翻譯成「國民主義」時，可得知在該段文脈談的就是「民族國家」。

Nationalism 如果被翻譯成「國家主義」（民粹主義）時，談的就是法西斯主義或軍國主義，是帶有負面的意思。只要是為了國家，就可以限制個人的人權與自由，侵略別國的領土，犧牲其他民族也在所不惜，擁有這種國家至上的想法，就是國家主義。這概念經常與以本國利益為優先的「排外主義」（chauvinism）相結合，陷入所謂民粹主義，一種瘋狂的愛國思想。這與比較不偏頗、健全的愛國心（patriotism）是有所區別的。

Nationalism 若譯為「民族主義」的話，則有掙脫列強的殖民地統治，實行民族解放運動的意思。為了要達成民族獨立，而提高民族意識、追求民族團結。像是印度的甘地、中國的孫文和越南的胡志明等，都是掀起民族主義思想、與列強抗爭的代表。這邊提到的「民族主義」與歧視不同種族的「種族主義」（racism）概念並不相同。

在日本比較常用的是圖 23-1 的②「國家主義」（民粹主義），這帶有負面的含義；世界各地比較常用的則是圖 23-1 的①「國民主義」。這是因為世界各國在歷史中必須得在政治上表現出國民的一體性。相對地，屬於單一民族國家的日本，原本國民就已經有一致性了，所以就沒有必要特別再強調這件事了。

## ◇國家主義成為貧窮階級的發洩工具

當「民族國家」的意識逐漸擴散後，當政者就不得不重視國民的存在。在民族國家中，很明顯地支撐國家的就是國民，當政者需要與國民分享主權。當這樣的分享到達了一定比例時，便會出現民主主義。因此可以說民主主義是沿著民族國家的框架而生長出來的。

民族國家的當政者，為了獲得人民的支持，必須端出對國民來說是利多的政策，往國民所期待的方向前進，就算犧牲其他國家的利益，也要以本國國民的利益為優先，否則便未達成使命。從這層面上來說，民族國家或多或少必然會走向國家（民粹）主義。不過，今日在

圖23-1　Nationalism的三大譯意

| | 譯意 | 相關語詞 |
|---|---|---|
| ① | 國民主義 | 民族國家 |
| ② | 國家（民粹）主義 | 法西斯主義、軍國主義 |
| ③ | 民族主義 | 解放戰爭、獨立運動 |

日本或世界中所蔓延的「國家主義」（民粹主義），比起民族國家的急速進化，反而表現出來的是對全球化的反抗。

現在的民族國家正被全球化侵蝕，而快進入毀壞的階段。全球化資本主義跨越國界，在無界線的狀況下交流人、物、資本與資訊。具有國際競爭力的企業集中了民族國家的資源，而讓國民背負增稅的壓力與落入低薪的困境。

跨國企業為了追求低廉的勞動力而進軍海外市場，由於企業並未設籍在單一國家，使得民族國家失去稅收。國民失去了工作機會、區域經濟崩垮，大多數國民的氣力被消耗殆盡。

由此可以很明顯地看出，全球化資本主義與民族國家的利益是有衝突的，國民被貧困逼至絕境，為了要反抗全球化，所以訴諸國家主義（民粹主義）。以往是民族國家發展到極致之後，國家主義（民粹主義）才隨之而來，但現在卻是因為民族國家深陷衰亡的危機，反倒出現國家主義（民粹主義），這兩者其實是有很大的差異。最大的特徵是以前的國家主義（民粹主義）是由社會的菁英們發起的，現在則變成是貧窮階級發洩不滿情緒的手段。

世界上保守右派的政治家們，便狡猾地利用這個情況，一方面與這些跨國企業建立良好關係、給予支援，另一方面又打著國家主義（民粹主義）以獲取貧窮階級的歡心，操作這種雙面策略。在現代面臨全球化的時代，要想恢復以往民族國家的樣貌，取得民族國家整體的繁榮，在理論上來說是不太可能的，對於被視為是民族國家的日本與英國而言，這些是前所未有的大試煉，不得不去面對。

# Chapter 24

# 白種人優越主義的歷史

## ◇認為日本人有害的小羅斯福人種改良論

在第二次世界大戰時期，時任美國總統為富蘭克林．德拉諾．羅斯福（Franklin Delano Roosevelt）[1]，他有著種族歧視的觀念，並且視日本人為眼中釘。

英國的駐美國公使坎貝爾（Ronald Hugh Campbell）曾向英國報告小羅斯福對於種族議題的露骨發言：

「小羅斯福認為，由於白種人讓印度人與亞洲人和他們繁衍後代，才會使這些人種的文明進步。但是，即便日本人與白種人在一塊兒，也不會有什麼進步的情形發生。」

小羅斯福引用史密森尼學會（Smithsonian Institution）[2]研究者的論述說明，日本人頭蓋骨的演化，比白種人還要晚兩千年左右（當然，這是完全沒有根據的說法）。

一九四一年，小羅斯福在美國對日開戰時，在美國國內與受美國影響下的巴西與墨西哥、祕魯的中南美洲各國設立了日裔人的強制收容所。

他們單方面奪取大多數日裔人的財產，強行把日裔人帶至強制收容所，讓其做苦工。強制收容所位處人煙稀少的區域或沙漠地帶，周邊都以帶刺鐵絲網作為籬笆，而且派警備兵監視日裔人。由於在收容所的環境並不乾淨，時常發生食物中毒的情況。此外，這裡的食糧是靠他們自己在農場工作，自給自足而來的。

小羅斯福簽署《第九〇六六號行政命令》（*United States Executive Order 9066*），依照這項法令，實施無令狀搜索、逮捕日裔人的行動。表面上，理由是美國正與日本作戰，所以把日裔人看作是跟日本有關係的「敵對外國人」，認為他們可能會去當間諜或做出破壞行為，所以先發制人。但其實人盡皆知，這都是出於小羅斯福對日本人的扭曲看法與種族歧視，而想把他們全都隔離起來。

當時美國的在野黨（共和黨）政治人物中，並沒有人反對《第九〇六六號行政命令》，

---

1 編注：一般俗稱為小羅斯福總統，用來與西奧多．羅斯福（Theodore Roosevelt）總統區隔，而後者被稱為老羅斯福總統。兩人並非父子，而是堂叔侄關係。

2 編注：由十九世紀初的英國化學家史密森（James Smithson）捐贈全部遺產所成立，是美國博物館和研究機構的集合組織。該學會由一個董事會管理，召集人是美國副總統，成員有最高法院院長、八名參議員、三名眾議員，以及民間人士。

結果大家也都選擇默認這件事的發生。不過，只有他的太太埃莉諾反對，並且說服她的先生，但小羅斯福並沒有聽進勸告。

由於小羅斯福打從心底就有這種想法，於是便演變成第二次世界大戰（太平洋戰爭）。

## ◇主張排除「低等」人種的優生學理論

小羅斯福這類種族改良論的想法，不僅只有他，就連以往整個美國白人社會全體都有，所以不是小羅斯福有如此異常的想法而已。

十九世紀末以後，美國盛行優生學的思想。優生學到底是什麼呢？優秀的純種賽馬，是透過優良的馬之間交配得來的，換句話說，生物的優劣是由雙親的基因所決定，這就是優生學。把這個概念套在人類身上後，觀念也隨之形成，即人們應該要確保優秀的遺傳因子。

雖然一般認為，提倡優生學的人是德國的納粹黨，但實際上，最盛行優生學研究的卻是美國。第二次世界大戰後，在紐倫堡大審上，納粹黨的幹部被控實行種族隔離政策，他們卻說優生學的概念是從美國學來的，不只是生物學者，就連一般的美國人也都崇尚這個觀念，這項證言已可以證實。

就像這項證言所說的，美國以優生學為基礎的種族改良論在一九〇〇至一九六〇年相繼發表於世。美國科學學院的會員查爾斯・達文波特（Charles Benedict Davenport）在一九一一年撰寫著作名為《與優生學相關的遺傳》（*Heredity in Relation to Eugenics*），創下美國優生學史上的里程碑，而成為各大學的教科書。

這本書是以白種人在智慧與文化上擁有最優秀的基因為前提，進而闡述道，為了要保持白種人優良的基因，不應該與其他人種混血。達文波特的研究受到卡內基集團的資金援助，在卡內基的研究所內也特別設立與此相關的研究單位。

不過，不是只有達文波特，美國大多數的生物學者也都主張從優生學的立場來看，為了要排除劣等人種，必須要避免基因受到「汙染」才行。

法蘭西斯・高爾頓爵士（一八二二至一九一一年），英國人類學家、統計學家、優生學的始祖。他在一八六九年的著作《遺傳天賦》（*Hereditary Genius*）中曾提及，人類的才能是由遺傳所決定，只要透過選擇來進行交配，就可以誕生出優良人種。高爾頓有另一個著名的身分是，他是達爾文的表弟。

優生學的發祥地是在英國，而在美國發揚光大。優生學是以英國生物學家查爾斯・達爾文（Charles R. Darwin）的「演化論」，以及奧地利遺傳學家格雷格・孟德爾（Gregor Mendel）的「孟德爾定律」作為理論基礎，並由英國生物學家法蘭西斯・

高爾頓（Francis Galton）在一八六〇年所創始的。

達爾文在一八五九年撰寫了著作名為《物種起源》，裡面提到了「適者生存」的理論。「適者生存」的意思是指在生物界的生存競爭中，擁有較多生存優勢的個體（高等生物）會贏得勝利，淘汰掉較不具生存優勢的個體（低等生物）。

生物學家高爾頓，在自己提出的優生學理念中，雖然繼承了達爾文的理論，但也提出個人的看法，即人並不見得會符合「適者生存」。也就是說，智商較低者的出生率會高於智商較高者，這就是「適者生存」的反向淘汰。高爾頓的學說「文明的衰退與凋零，可歸咎到上流階級的生殖能力低下」，後來也成為優生學的一大命題。

在今日，這項命題已被證明缺乏科學根據，立論薄弱，但在二十世紀，這命題卻被套用到人種之上，廣為流傳。優生學者卡爾．皮爾生（Karl Pearson）等人也曾主張，保存白種人優秀的基因就是「與劣等人種的戰爭」。

在白種人之間不斷盛傳一種觀念，如果沒有好好維繫白種人純粹的血統，很快就會被生殖能力強大的劣等人種給吞噬，特別是在被稱為「民族的大熔爐」的美國社會中，生殖政策更要嚴密規畫。由於財界、政界都共同呼籲，政府便於一九二四年制定了移民法。

## ◇受《排日移民法》保護的美國「純種」

美國在柯立芝主政時，於一九二四年制定移民法，它反映出相當濃厚的種族歧視背景與色彩。

這項移民法的目的是，修正本來的移民與歸化規定，禁止與限制日本人和中國人等亞洲人、東歐人、南歐人的移民。而此法的成立深受律師兼保守主義者麥迪遜·格蘭特（Madison Grant）的影響。

當時，當時格蘭特的著作《偉大種族的消亡》（*The Passing of the Great Race*）蔚為風潮，它顯現了作者的種族主義見解，作者提到，北歐的白種人才是形成大部分人類文明的偉大人種（即北歐人種至上主義，參照第十章），而希特勒還稱讚這本書為「納粹的聖經」。

格蘭特被招聘為美國政府的移民政策顧問，對政府提出以下的建言：

「對於黑人或黃種人等有色人種，要全面禁止移民；對於優秀北歐人種的北歐諸國人民與德國人、英國人和愛爾蘭人，應獎勵移民，讓他們的血緣導入美國社會是相當重要的；東歐與南歐人的移民則是以個別案例處理，若是不適合加以限制即可。」

格蘭特對於東歐與南歐人的疑慮在於，猶太人在面臨俄羅斯帝國大屠殺時，曾經逃往東歐與南歐，而且亞洲民族也遷移至這些地區。因此，我們無法保證這地區的人仍保有白種人的純正優良血統。

格蘭特也曾經提及，假使不好好規畫適當的限制移民計畫，美國將會毀滅。他的這項主張深受柯立芝總統與保守派議員的強力支持。柯立芝曾公開宣稱「人種混血違反自然法則」，這說法完全符合格蘭特的理論。

因此，在一九二四年，格蘭特的主張幾乎完全被納入至法律修正案中，成為完全新的移民法。在日本，這項法律被稱為《排日移民法》，前面有提到，雖然不單獨只是排除日本移民，但會有此限令，卻主要是針對當時有日本移民大幅移往加州。順道一提，中國移民是在十九世紀末以後完全禁止。

## ◇殖民地經濟在經濟面上其實並不划算？

十八世紀時，歐美列強正式前往海外展開「殖民化」事業。一般來說，所謂「殖民化」給人的印象就是壓榨別的民族，收取其利益，但經營殖民地並非是如此簡單的事情。

海外殖民需要偌大的初期投資，從經濟效益來看，並不完全合理。日常軍隊駐屯所需的費用、行政部門的設置與運作及相關人事費用、各種基礎建設的建立、外派人員的醫療照護等都需要極大的花費，而相關的行政手續也非常繁雜。

因此，殖民事業並無法保證投資的金錢全都能順利回收，並取得穩定的獲利。可以說殖民地經濟的風險相當高，不太划算。

在教科書及參考書中所舉的都是殖民地經營成功的例了。像是荷蘭統治印尼，強制爪哇島的住民在當地種植木藍、咖啡和甘蔗等經濟作物（即強制栽培制度），而取得極大的利益。但這只是一小部分成功案例，大多都是無法回收資金，損失慘重。像是非洲的殖民地經營幾乎都毫無利益可言。

但是，為什麼歐美列強願意冒著這麼大的風險，也要實行殖民地經營呢？這是因為在經濟動機之外，也有理想的動機存在。

近代歐洲的社會，啟蒙思想普及。所謂「啟蒙」是指「開啟蒙昧」，也就是從蒙昧無知的野蠻狀態中解脫的意思。啟蒙的英文是「enlightenment」，可譯為「陽光普照」、「野蠻的黑暗中射進光芒」。

以啟蒙思想為根基，將西洋文明導入未開化的野蠻區域，使其文明化，這就是白種人所想像的使命。

英國的塞西爾．羅德斯（Cecil Rhodes）就是擁有這思想的典型人物。羅德斯是南非開普殖民地的總督，他認為盎格魯—薩克遜民族才是最優越的人種，全世界若能接受盎格魯—薩克遜民族的統治，才是人類的幸福。

當然歐美列強最終也希望能讓開發出來的地區，成為資本主義市場的一部分，以獲取利益，但列強之所以承擔這種也許不能回本的殖民地經營風險，背後的動機和原因還是基於「白人的使命感」。

## ◇為什麼「黃禍論」會席捲歐美社會？

其實，在日本帝國主義的殖民政策上，也存在著以啟蒙思想為背景、非常強大的思想動機。把韓國與臺灣建設為殖民地，對當時的日本來說根本毫無利益可言。原本當地都處於極貧窮的狀態，日本為了建設道路、鐵道、學校和醫院，不斷透支預算。即便如此，日本仍興建了基礎建設，把當地的現代化作為一己的使命。

日本人比其他國家早一步接受白種人的啟蒙思想，而成功邁向近代化，進而展開殖民地政策。德意志皇帝威廉二世（一八八八至一九一八年在位）看見日本的發展如此躍進，認為會威脅到白種人的優越性，所以提出所謂的「黃禍論」。「黃禍論」如字面上所示，是把日本人等黃種人當作是世界的禍害。

威廉二世主張，以前蒙古遠征歐洲時，黃種人破壞了歐洲文明，為了要防止這種危險出現，歐美列強應該要齊心對抗「黃禍」。因此，當時以德國為首的歐美各國，便畫了許多顯示日本人是邪惡民族的諷刺畫，並且大量傳播出去。

在甲午戰爭中獲勝的日本，根據馬關條約占領了遼東半島，卻遭受德國、俄羅斯與法國的干涉，要求歸還給滿清。這三國為的就是挫挫日本的銳氣，也是防範「黃禍」發生。

黃禍論在歐美社會相當普及，尤其在美國更加明顯，從前一節提到的移民法制定一事便可得知，黃種人威脅論對他們而言，影響是相當深遠的。

從全世界的人口來看，亞洲人等黃種人的人口數壓倒性地龐大，所以少數派的白種人不得不對黃種人抱持警戒的心態。實際上，孫文曾在滯留東京的時期，於某次演講中還提出訴求，亞洲人應該要團結來對抗歐美，也就是「大亞洲主義」。

另一方面，相對於白種人的種族歧視主義，日本則是站在反對種族歧視的立場。第一次世界大戰後的巴黎和會上，日本人就試圖在規約中加入廢除種族歧視的條款，這也是史上首次有國家在國際法上要求訂立這些相關條例。然而，卻遭受英國等國否決，而未能實現。

# 參考文獻

青木健「アーリア人」（講談社選書メチエ）2009年
青山和夫「古代メソアメリカ文明――マヤ・テオティワカン・アステカ」（講談社選書メチエ）2007年
石澤良昭、生田滋「東南アジアの伝統と発展（世界の歴史13）」（中央公論）1998年
石澤良昭「東南アジア　多文明の発見」（講談社）2009年（《亦近亦遠的東南亞：夾在中印之間，非線性發展的多文明世界》，林佩欣譯，八旗文化，2018）
岩村忍「文明の十字路＝中央アジアの歴史」（講談社学術文庫）2007年
大塚柳太郎「ヒトはこうして増えてきた：20万年の人口変遷史」（新潮選書）2015年
岡田英弘「世界史の誕生―モンゴルの発展と伝統」（ちくま文庫）1999年（《世界史的誕生：蒙古帝國與東西洋史觀的終結》，陳心慧譯，八旗文化，2016）
岡田英弘「清朝とは何か」（藤原書店）2009年

岡田英弘「モンゴル帝国から大清帝国へ」（藤原書店）2010年（《從蒙古到大清：遊牧帝國的崛起與承續》，陳心慧、羅盛吉譯，臺灣商務，2016）
小野寺史郎「中国ナショナリズム─民族と愛国の近現代史」（中公新書）2017年
海部陽介「人類がたどってきた道」（NHKブックス）2005年
片山一道「骨が語る日本人の歴史」（ちくま新書）2015年
川北稔「民衆の大英帝国─近世イギリス社会とアメリカ移民」（岩波現代文庫）2008年
川本芳昭「中国史のなかの諸民族（世界史リブレット）」（山川出版）2004年
川本芳昭「中華の崩壊と拡大（魏晋南北朝）」（講談社）2005年（《中華的崩潰與擴大：魏晉南北朝》，李彥樺譯，臺灣商務，2018）
金達寿「朝鮮─民族・歴史・文化」（岩波新書）2002年
熊谷正秀「日本から観た朝鮮の歴史─日朝関係全史」（展転社）2004年
黄文雄「漢字文明にひそむ中華思想の呪縛」（集英社）2000年
坂本勉「トルコ民族の世界史」（慶應義塾大学出版会）2006年
清水馨八郎『侵略の世界史─この500年、白人は世界で何をしてきたか」（祥伝社黄金文庫）2001年
杉山正明「遊牧民から見た世界史」（日経ビジネス人文庫）2011年（《遊牧民的世界史》，

黃美蓉譯，廣場出版，2018）
杉山清彦「大清帝国の形成と八旗制」（名古屋大学出版）2015年
鈴木董「オスマン帝国 イスラム世界の『柔らかい専制』」（講談社現代新書）1992年
陳舜臣「日本人と中国人――「同文同種」と思いこむ危険」（祥伝社新書）2016年（《日本人與中國人》劉瑋譯，博雅書屋，2013）
中村元「古代インド」（講談社学術文庫）2004年
幕田桂「難民問題――イスラム圏の動揺、EUの苦悩、日本の課題」（中公新書）2016年
廣部泉「人種戦争という寓話――黄禍論とアジア主義」（名古屋大学出版）2017年
ブレイディ・みかこ「労働者階級の反乱地べたから見た英国EU離脱」（光文社新書）2017年
宮田律『中東イスラーム民族史――競合するアラブ、イラン、トルコ』（中公新書）2006年
森安達也（編集）「スラヴ民族と東欧ロシア（民族の世界史）」（山川出版）1986年
山内昌之「ラディカル・ヒストリー――ロシア史とイスラム史のフロンティア」（中公新書）1991年

渡辺克義「物語ポーランドの歴史──東欧の「大国」の苦難と再生」（中公新書）2007年

Benedict Anderson, *Imagined Communities: Reflections on the Origin and Spread of Nationalism*（班納迪克・安德森，《想像的共同體》，吳叡人譯，時報出版，2018）

Nicholas Wade, *A Troublesome Inheritance Genes, Race, Human History*, 2014

J. D. Vance, *Hillbilly Elegy: A Memoir of a Family and Culture in Crisis*（傑德・凡斯，《絕望者之歌：一個美國白人家族的悲劇與重生，葉佳怡譯，八旗文化，2017）

Bartolomé de las Casas, *A Short Account of the Destruction of the Indies*, 1552

Ernest Gellner, *Nations and Nationalism*（艾尼斯特・葛爾納，《國族與國族主義》，李金梅、黃俊龍譯，聯經出版，2001）

Heinz Gollwitzer, *Die gelbe Gefahr, 1962*

Pat Shipman, *The Invaders: How Humans and Their Dogs Drove Neanderthals to Extinction, 2015*

Anthony D. Smith, *The ethnic origins of nations*

Emmanuel Todd, *Who is Charlie? Xenophobia and the New Middle Class, 2015*,

Ruth DeFries, The Big Ratchet: How Humanity Thrives in the Face of Natural Crisis, 2014

James M. Vardaman,（著）、森本豊富（翻訳）『アメリカ黒人の歴史』（NHK出版）2011年

Massimo Livi Bacci, *A Concise History of World Population*

Yuval Noah Harari, Sapiens: *A Brief History of Humankind*（哈拉瑞，《人類大歷史：從野獸到扮演上帝》，林俊宏譯，天下文化，2018）

Herbert Hoover (Author), George H. Nash (Author, Editor), *Freedom Betrayed: Herbert Hoover's Secret History of the Second World War and Its Aftermath,* 2011

Niall Ferguson, *Civilization: The West and the Rest*, 2011

Clive Finlayson, The Humans Who Went Extinct: *Why Neanderthals Died Out and We Survived*, 2010

Dee Brown, *Bury My Heart at Wounded Knee*, 1970

Richard Bessel, *Nazism and War*, 2004

Svante Pääbo, *Neanderthal Man: In Search of Lost Genomes*（帕波，《尋找失落的基因組：尼安德塔人與人類演化史的重建》，鄧子衿譯，八旗文化，2019）

Matthew White, *The Great Big Book of Horrible Things: The Definitive Chronicle of History's 100 Worst Atrocities*, 2011

Gerald Horne, *Race War!: White Supremacy and the Japanese Attack on the British Empire*, 2003

William H. McNeill, *Plagues and Peoples*, 1976

William H. McNeill, *A World History*, (1967, 2nd ed., 1971, 3rd ed., 1979, 4th ed., 1999)（威廉・

麥克尼爾，《世界史》，黃煜文譯，商周出版，2013）

Charles C. Mann, *1493: Uncovering the New World Columbus Created*, 2011（查爾斯・曼恩，《一四九三：物種大交換丈量的世界史》，黃煜文譯，衛城出版，2013）

Matt Ridley, *The Rational Optimist: How Prosperity Evolves*, 2010（麥特・瑞德里，《世界，沒你想的那麼糟：達爾文也喊Yes的樂觀演化》，李隆生、張逸安譯，聯經出版，2012）

Eugene Rogan, *The Arabs: A history*, 2009（尤金・羅根，《阿拉伯人五百年史》，黃煜文譯，貓頭鷹，2019）

知識叢書 1074

# 從民族解讀世界史：民族如何推動千年來的歷史進展，政治又如何利用民族來製造對立

## 「民族」で読み解く世界史

作者　宇山卓榮
譯者　鳳妙本
潤校　蘇文淑
主編　陳怡慈
責任編輯　許越智
責任企畫　林進韋
美術設計　許晉維
內文排版　薛美惠
董事長　趙政岷
出版者　時報文化出版企業股份有限公司
10803 台北市和平西路三段240號一至七樓
發行專線｜02-2306-6842
讀者服務專線｜0800-231-705｜02-2304-7103
讀者服務傳真｜02-2304-6858
郵撥｜1934-4724 時報文化出版公司
信箱｜臺北郵政79~99信箱
時報悅讀網　www.readingtimes.com.tw
電子郵件信箱　ctliving@readingtimes.com.tw
人文科學線臉書　www.facebook.com/jinbunkagaku
法律顧問　理律法律事務所｜陳長文律師、李念祖律師
印刷　勁達印刷有限公司
初版一刷　2019年11月8日
定價　新台幣380元

時報文化出版公司成立於一九七五年，並於一九九九年股票上櫃公開發行，於二〇〇八年脫離中時集團非屬旺中，以「尊重智慧與創意的文化事業」為信念。



ISBN 978-957-13-7973-9

從民族解讀世界史：民族如何推動千年來的歷史進展，政治又如何利用民族來製造對立 / 宇山卓榮著；鳳妙本譯. -- 初版. -- 臺北市：時報文化，2019.11 ｜296面；15×21公分. --（知識叢書）｜譯自：「民族」で読み解く世界史 ｜ISBN 978-957-13-7973-9(平裝) ｜ 1.世界史 2.民族史 ｜ 711 ｜108015736